Quand les parents
se séparent

FRANÇOISE DOLTO
questionnée par
INÈS ANGELINO

Quand les parents
se séparent

ÉDITIONS DU SEUIL
27, rue Jacob, Paris VIᵉ

ISBN 2-02-010298-6.

Présentation

Ce livre n'est pas un essai de technique analytique et ne contient pas de cas cliniques ; mais tout ce que j'y avance est fondé sur mon expérience clinique.

Des parents, dont certains avaient gâché leur vie conjugale – parfois plusieurs vies conjugales successives –, ont pu analyser avec moi le retour de refoulements de leur enfance, liés à la séparation de leurs propres parents et au silence imposé à ces épreuves. C'est pourquoi ce livre est écrit et pour les parents et pour leurs enfants.

Il se présente comme une longue interview dont une part concerne aussi tous ceux et celles qui « administrent les procédures de la justice » à travers les différents « corps de métiers » de cet appareil institutionnel et en dehors de celui-ci.

C'est en quelque sorte un livre de citoyenne, psychanalyste de métier qui, ont le sait, s'intéresse à ce que peut être la prévention des difficultés dues aux souffrances inconscientes des enfants ; souffrances toujours articulées au non-dit ou à un mensonge implicite, fussent-ils maintenus au nom du « bien » de l'enfant.

F.D.

1

La séparation des parents et l'inconscient de l'enfant

INÈS ANGELINO : *Un état de mésentente entre les parents n'ébranle-t-il pas l'enfant aussi profondément que la séparation ou le divorce ?*

FRANÇOISE DOLTO : Comment, dans un foyer où le père et la mère vivent en état de mésentente, l'enfant pourrait-il ne pas ressentir une impression de menace pour sa propre cohésion, pour son dynamisme ? Beaucoup de ces enfants sont très angoissés et demandent à leurs parents : « Est-ce que vous allez divorcer ? » Ils voudraient savoir s'il est clair que les parents vont divorcer ou s'ils vont continuer à vivre en se disputant. Les enfants sont aussi des êtres logiques. C'est pourquoi les parents devraient leur expliquer la différence entre les engagements réciproques du mari et de la femme et ceux des parents vis-à-vis des enfants. Dans le cas d'une mésentente, d'une séparation ou d'un divorce, il n'y a pas d'affranchissement par rapport à la parole donnée d'élever les enfants. Le divorce légalise l'état de mésentente et aboutit à une libération de l'atmosphère de dispute et à un autre statut pour les enfants. Pour ces derniers, le divorce est d'abord mystérieux, mais il ne devrait pas le rester ; en effet, le divorce est une situation légale qui apporte une solution aussi pour les enfants. C'est ce que l'on peut expliquer dans le cabinet du psychologue ou du médecin, quand les parents viennent avec leurs enfants, par exemple en état de mésentente confirmée, et commencent à dire : « Nous allons divorcer. »

Souvent, le divorce est provoqué par la rencontre d'un autre apparaissant comme un conjoint potentiel, mais pas toujours. Quelquefois, il clarifie une situation de mésentente qui s'aggrave au fur et à mesure que les enfants grandissent, alors qu'eux-mêmes essaient en vain de rétablir l'atmosphère familiale antérieure. Il peut arriver également que, au moment de la puberté, les adolescents entrent en guerre ouverte vis-à-vis de l'un des parents, sous prétexte qu'ils voient l'autre ne pas être heureux. Ils prennent alors parti pour l'un ou pour l'autre. Dans tous ces cas, le divorce clarifie la situation pour l'enfant, à condition que tout cela soit clairement dit, officiellement, devant le reste de la famille et les amis.

Tout de suite donc, nous voyons que les enfants se situent par rapport aux deux parents à la fois dans une triangulation. Et c'est l'occasion de rappeler que, depuis quarante ans, ta clinique est fondée sur l'activité et le savoir qui sont ceux du nourrisson – car, on le sait maintenant, il n'est ni ignorant ni passif. Ta clinique et ta théorie mettent l'accent, au-delà de ce que l'on appelle la « dyade mère-enfant », sur la triangulation mère-père-enfant, laquelle commence dès la conception de l'enfant. De même, tu insistes sur le rôle des réseaux relationnels auxquels l'enfant participe.

La « dyade » mère-enfant est un mot du Dr Berge. Cette dyade existe, elle recouvre la réalité de l'époque où le nourrisson ne peut être séparé de sa mère sans danger d'une rupture existentielle [1]. Il s'agit d'un état fusionnel de l'organisme de l'enfant à l'organisme de sa mère, état dont la rupture, ou seulement même la suspension durable, provoque des effets qui peuvent ne pas être impressionnants à court terme, mais qui sont indélébiles à long terme. Les traces de ces ruptures précoces et leurs effets se retrouvent dans les psychanalyses d'adultes comme autant d'étapes très dangereuses vécues après la naissance. La dyade continue, pendant sept, huit, neuf mois au maximum, la vie fœtale dans la vie aérienne. Mais elle n'exclut pas du tout la triangulation mère-père-enfant dont l'enfant a été un pôle au moment de sa conception, triangulation qui existe depuis ce moment-là. En fait, la dyade est toujours une triangulation. La mère est pour l'enfant « bivocale ». Dès la vie fœtale, il perçoit mieux la voix de son père parlant à sa mère que la voix de celle-ci. Et sa mère est pour lui une mère encore plus vivante si le père lui parle.

La mère est pour beaucoup d'enfants bicéphale quand le père est aimant et très présent à la maison. Mais la mère est toujours, comme je viens de le dire, bivocale, et ce depuis la vie fœtale de l'enfant : pour lui, il y a une mère dont la voix est moins distinctement perçue à cause des aigus, et il y a la voix de l'homme, toujours mieux entendue dans la vie fœtale que celle de la mère. Donc, le père a toujours une place marquée pour l'enfant.

Mais il faut aussi que la mère lui souligne ensuite l'importance qu'a pour elle la voix du père. Or bien des mères « s'adornent », si je puis dire, l'enfant, elles « s'en parent » : c'est leur enfant à elles, et elles ne font rien pour que le père entre en contact avec lui, alors qu'elles devraient parler de lui à l'enfant ; lui dire, par exemple : « Voilà ton papa qui arrive. Tu sais que, quand tu étais dans mon ventre, il te parlait. » Elles le font rarement.

Beaucoup de mères sont piégées par leur possessivité à l'égard de l'enfant, surtout si c'est un garçon. Elles n'arrivent pas à capter autant les filles, parce que les filles, elles, se tournent vers le père. Mais le garçon se laisse complètement piéger par la mère, qui représente pour lui un complément sexuel tout à fait inconscient. En présence du père, le bébé garçon se dit : « Et, après tout, qu'est-ce que celui-là vient faire là ? Si maman n'est pas contente qu'il soit là, alors moi non plus. » Si elle est contente, alors il faut « faire avec ». Et puis il reconnaît aussi la voix du père. Surtout si le père lui parle à lui et si la mère parle au père. Le père ne prend de l'importance dans la vie d'un jeune enfant que du fait que la mère parle de lui à l'enfant et par la façon dont elle en parle. Tandis que la petite fille a par elle-même – même si la mère ne parle pas de lui – une réaction directe face au père, une attraction directe vers lui. Attraction qui ne passe pas uniquement par la voix, mais qui passe aussi par l'odeur de mâle et par quelque chose que nous ne connaissons pas ; pas encore. Le père est le prototype électif des hommes pour une fille ; et tous les hommes intéressent les filles, sauf si la mère est vraiment tellement opposée aux hommes qu'elle ne peut les souffrir. Alors la fille sent qu'il y a pour elle un danger vital si elle va vers les hommes.

Cette différence du garçon et de la fille est parfaitement visible dans les tétées des premiers jours. Un homme entre dans la pièce, le garçon ne se retourne pas du tout vers lui ; au contraire, il se niche, s'enfouit d'autant plus dans le giron maternel, s'agrippant avec ses mains pour que sa mère s'occupe de lui. Tandis que

10

la fille, elle, lâche le téton et regarde qui vient ; ensuite, elle retourne au téton : il y a une attraction de désir qui l'emporte – à moins, évidemment, qu'elle ne soit affamée. En revanche, si c'est une femme qui entre dans la pièce, elle ne se dérange pas et continue de téter.

Il est très intéressant d'observer cette différence de comportement si précoce – comportement qui, quelquefois, ne se remarque plus ensuite, du fait de l'éducation inconsciente que la mère aura donnée à son enfant. En tout cas, c'est quelque chose qui est manifeste, qui est là, instinctuel, premier, inconscient.

C'est déjà une différence sexuée ?

Oui. D'autre part, la présence du père à la naissance, s'il désire voir naître son enfant, est une sécurisation pour la mère. Autrefois, il était naturel que la grand-mère maternelle soit présente à l'accouchement. Actuellement, la parturiente préfère avoir son conjoint à ses côtés, et je suis sûre que, pour l'enfant, il est préférable d'être accueilli par la voix et la joie de ses deux géniteurs plutôt que par un « chœur » antique en la personne de son aïeule, laquelle revit d'on ne sait quelle manière son propre accouchement de sa fille en voyant celle-ci accoucher. On peut dire qu'un enfant qui naît entre ses deux parents est immédiatement dans un présent qui s'ouvre sur l'avenir, alors que, s'il est accueilli par les sages-femmes et les grands-mères, il est plutôt référé aux ancêtres.

En évoquant les moments qui suivent la naissance, il t'est arrivé de parler de triade : « les premières heures d'intimité heureuse de la triade mère-nour-risson-père [...] sont irremplaçables pour l'établis-

11

sement du lien symbolique postnatal [2] ». Ce lien symbolique est-il présent quand l'enfant tète sa mère ?

J'ai déjà abordé ce point dans un autre ouvrage, mais il est certainement utile de le rappeler ici : « Cette articulation se fait par expérience vécue dans le corps : du fait que l'enfant est, dans son corps, confirmé dans son droit à vivre, par la plénitude que lui apporte le sein gonflé de lait. Et, s'il voit cette mère, qui lui donne le sein, en compagnie d'un autre ; s'il voit qu'elle le réfère à cet homme et qu'à son tour cet homme le réfère à sa mère ; alors, ce qu'il reçoit de la mère vient de la parole du père – ce qui présentifie l'enrichissement de la vitalité de l'enfant : lequel se regonfle du fait que le père est le ressourcement affectif de la mère, laquelle, référée à celui-ci, devient le ressourcement affectif de son enfant. Ils sont tous trois responsables, chacun l'étant déjà à l'égard des deux autres par le lien génétique ; puis, après la naissance, par la relation de l'objet partiel phallique satisfaisant le besoin ; tandis que la relation triangulaire d'amour va s'adresser au désir : c'est parce qu'il la voit couplée avec un autre que le couple que l'enfant forme avec sa mère prend sens pour sa future sexuation consciente, à l'envi du désir de l'autre dans l'amour [3]. »

Dans cette intimité, les deux pôles parentaux sont ressentis comme « crédibles » par le nourrisson. N'existe-t-il pas des variantes de cette triangulation ?

Il en existe beaucoup de variantes, dont certaines sont « questionnantes », même pour l'enfant tout petit. C'est pourquoi, si un des pôles parentaux est articulé à une personne autre que le père ou la mère, il faut que le rôle de cette tierce personne, pour qu'elle devienne elle-même crédible, soit clairement dit à l'enfant : qu'on lui donne une explication logique et qui tienne compte des relations affectives entre un de ces pôles et cette personne.

Quant aux « réseaux relationnels » dont tu parles, ce sont les situations où l'enfant transfère sur d'autres personnes cette nécessaire triangulation père-mère-enfant qu'il retrouve dans ses relations avec les autres êtres humains.

Cette triangulation peut-elle se percevoir ?

On la voit très bien dans les jeux des petits. Par ailleurs, on la perçoit très clairement dans les dessins et dans la manière de vivre d'un enfant à partir de sept ans. Son équilibre, si c'est un garçon, c'est d'avoir dans son imagination à lui un camarade garçon et une fille dont il parle avec le premier. C'est cela, une triangulation [4]. Et, même si ensuite, dans la réalité, d'autres prennent la place des premiers, il faut qu'il y ait ces trois personnages pour que l'enfant – garçon ou fille – se sente en équilibre dynamique. Puis, à partir de ce trois, se construit cinq – je parle ici de la structure inconsciente du social et des projections dans le social.

Et pourquoi cinq ?

Chacun de ces deux de même sexe – le garçon avec son meilleur ami, la fille avec sa meilleure amie – sont « copain-copain », « copine-copine », dans une homo-sexualité chaste. Le camarade de même sexe sert de moi auxiliaire au garçon ; ce camarade a à son tour un meilleur ami du moment, un moi auxiliaire, et une camarade fille à lui, dont ils parlent. Il en va de même pour une fille.

Le moi auxiliaire permet ainsi à l'enfant d'étendre la triangulation enfant-mère-père dans une chasteté d'amitié à cinq qui fonde la structure inconsciente du social et des projections dans le social. Ce moi auxiliaire chaste joue un rôle important dans la structuration ; l'absence de sœur pour les hommes, de frère pour les femmes, et les jeux sexuels trop longtemps prolongés n'en favorisent pas l'existence.

En revanche, quand la fille ou le garçon sont arrivés à se structurer en chasteté d'amitié à cinq, ils peuvent commencer à avoir un aimé ; l'absence de cette structure complique leur vie de couple adulte.

Voilà un long détour, mais qui nous éclaire sur ce que met en cause la séparation des parents pour l'enfant.

Je crois qu'il faut même pousser un peu plus loin et marquer le malentendu que recouvre souvent la référence à la dyade. Des gens se sont mis à croire à cette dyade comme à un dogme, la société a voulu que l'enfant continue cette « dyade nourrissonne » avec sa mère et qu'il n'y ait pas originairement trois personnes, alors que ce n'est pas du tout le cas. S'il y a, en apparence, dyade nourrissonne avec la mère, c'est parce que la mère, pour son bébé, contient et représente le père. De même, le père contient et représente la mère pour son petit enfant. Pour celui-ci, son père, ou sa mère, est une entité dédoublable : un « maman-papa » ou un « papa-maman ». Ce « maman-papa » ou ce « papa-maman » n'est pas une source de confusion sexuelle. Si, d'ailleurs, pour lui, il y a confusion, ce n'est pas dans son corps à lui. Car lui se sent plus attiré sexuellement par l'un de ses parents.

Son idéal de vie, il le voit dans l'adulte qu'il deviendra :
il deviendra homme avec une femme, elle deviendra
femme avec un homme, du fait que papa « a » maman
et que maman « a » papa.

Maintenant, il est vrai qu'à l'intérieur de la triangulation des basculements peuvent se produire. Je parle ici
de la structure inconsciente de référence de tous les
comportements libidinaux qui émergent aux niveaux
libidinaux oraux et anaux : le *dire*, l'*entendre*, le *voir*
qui font référence à l'oral ; le *faire* et le *produire* qui
font référence à l'anal. C'est pourquoi, selon son idéal,
un enfant ayant toujours une référence au père peut
cependant « s'inverser de sexe » – si l'on peut dire – si
c'est la mère qui exprime le plus de pulsions actives,
émissives : si elle a le verbe haut, la main leste et qu'elle
est dominante à la maison. C'est une femme qui, d'ailleurs, sait limiter l'imaginaire de l'enfant pour le soutenir
à affronter la réalité. Il se peut que le père, lui, parfaitement viril vis-à-vis de sa femme du point de vue génital,
donne pourtant l'exemple, à la maison, de quelqu'un de
trop réservé, de trop attentif, de trop réfléchi. Pour le
garçon, dans ce cas, il émane du père plus de pulsions
passives que de la mère. Mais, si la femme qui l'élève,
tout en ayant ces qualités paternantes d'enseigner la loi,
est seule à la lui enseigner ; plus encore, si le père est
carencé affectivement et génitalement dans sa relation
à sa femme, le garçon risque de se construire en homo-
sexuel : c'est-à-dire que, pour lui, pour être valeureux,
il faut être femme. Il garde bien en lui la notion que
devenir un homme, c'est devenir viril, mais viril selon
l'exemple qui lui est donné par sa mère. Pourquoi pas,
s'il n'a que ce modèle-là ? Au moment de l'Œdipe alors,
les pulsions actives du garçon, qui devraient investir les
génitoires, ne le peuvent pas. Il y a contradiction entre

les pulsions actives, émissives, exprimées par la mère, et le fantasme de la pénétrer. Comment peut-il se développer dans un corps pénien en contradiction avec sa mère qui s'est développée avec un corps non pénien ?

Il peut aussi y avoir des risques pour une fille si, alors qu'elle allait s'identifiant avec sa mère, elle prend, à un certain moment, sa maîtresse d'école comme un moi auxiliaire qui l'emporte sur l'image de la mère et sur celle du père. Celui-ci paraissant jouer à la maison un rôle secondaire, le savoir scolaire concernant la réalité – savoir dominant en valeur sur l'imaginaire – peut bloquer la fille dans une neutralité affective, faisant alors d'elle une homosexuelle qui s'ignore, sans pouvoir résoudre vraiment son Œdipe : pour elle, il faudra être neutre et active à la maison pour devenir une femme valeureuse.

Dans les deux cas, c'est une structure inconsciente qui cherche à se manifester dans la réalité des échanges avec autrui.

La triangulation inconsciente parents-enfant peut conduire à des effets apparemment contradictoires. Ainsi, un enfant qui n'est élevé que par une seule personne, et qui est obligé de s'identifier à celle-ci, est amené à chercher l'issue de ses pulsions actives et passives dans cette même personne qui incarne à elle seule les deux pôles de la triangulation originaire. Le problème ainsi posé à l'enfant – problème spécifique aux humains – ne se laisse pas réduire à une simple question de comportement. Il ne s'agit pas du tout de comportement. Dans ce type d'identification, il y va pour le sujet de quelque chose de plus sacré que la morale, parce que cela tient à sa structure inconsciente, que cela touche à sa dynamique dans ce qu'il a de plus essentiel : le sexe.

C'est ainsi qu'un sujet peut en arriver à des perversions par rapport à la morale, à des aberrations qui sont

« sacrées » pour son éthique, éthique qui a été faussée par les événements de sa vie d'enfant, parce qu'il n'a pu trouver à l'extérieur deux personnes pour représenter en lui la triangulation du départ de la vie. Il n'est pas rare, bien sûr, que de telles situations se présentent après un divorce. C'est notamment le cas de garçons vivant avec leur mère seule.

Pour revenir au cas le plus général, comment l'enfant vit-il les dissociations qu'entraîne le divorce ?

Il faut savoir qu'il y a dans la vie de l'enfant trois continuums :
— le continuum du corps ;
— le continuum de l'affectivité ;
— le continuum social.

Le continuum chez l'enfant, c'est son corps *et* son affectivité. Son corps s'est construit dans un certain espace, avec ses parents qui étaient là. Quand les parents s'en vont, si l'espace n'est plus le même, l'enfant ne s'y retrouve même plus dans son corps, c'est-à-dire dans ses repères spatiaux et temporels, puisque les uns dépendent des autres. Au contraire, si, quand le couple se désunit, l'enfant peut rester dans l'espace où les parents ont été unis, il y a médiation, et le travail du divorce se fait beaucoup mieux pour lui. Sinon, comme son corps s'identifie à la maison dans laquelle il vit, quand la maison est détruite pour lui, par l'absence d'un parent ou par la dislocation du couple, ou quand il doit la quitter lui-même, l'enfant va connaître deux niveaux de déstructuration : au niveau spatial, ce qui retentit sur le corps ; au niveau de l'affectivité, par des sentiments dissociés.

17

Jusqu'à quel âge ?

Huit, neuf ans ; sept ans pour certains enfants, ceux qui sont soutenus par les paroles d'une tierce personne qui peut les aider à comprendre le divorce comme un acte responsable de la part des parents.

Comprendre le divorce, l'enfant n'en peut faire vraiment le travail affectif, quand il est très jeune, que lorsqu'il reste dans le même espace. C'est au point que, si les parents le peuvent, le mieux serait que l'appartement reste aux enfants et qu'eux-mêmes viennent alternativement y vivre leurs « devoirs de parent ». Le lieu de résidence habituelle des enfants devrait être celui où ils ont vécu avec leurs deux parents et où ils resteraient avec un seul parent.

Cela vaut non seulement pour la maison, mais aussi pour l'école, lorsqu'il s'agit d'enfants à partir de sept ou huit ans. Il est contre-indiqué que, lors d'un divorce, un enfant soit contraint de quitter son école pour entrer dans une autre école. On peut être sûr qu'il va prendre deux années de retard scolaire ; il ne va plus suivre l'école parce qu'il est trop divisé.

Quand le divorce survient en cours d'année scolaire et que l'enfant quitte son école pour aller vivre dans un autre lieu, cela est également néfaste. Car le désarroi ressenti par l'enfant est double : d'une part, son être intime, le sujet tel qu'il est formé par ces deux êtres structurants, est ébranlé ; d'autre part, son être social qui dépend des camarades de sa classe d'âge est entamé. Il lui faudra s'habituer à d'autres camarades, qui lui demanderont pourquoi il arrive en cours d'année ; d'où son désarroi redoublé.

Il arrive par ailleurs que, pour éviter un conflit, on n'ait pas dit la vérité à l'enfant et qu'on lui ait donné comme explication : « Ton père [ta mère] est parti[e] en voyage. » Or le père (la mère) ne revient pas de voyage. Dans ce cas, même s'il poursuit sa scolarité dans le même établissement, cela ne marchera pas, car le continuum social aura été rompu du fait qu'on ne lui aura pas dit la vérité sur la nouvelle manière de vivre des parents qui se sont séparés.

Tu viens d'évoquer l'ébranlement de l'être intime. Un directeur d'école primaire comportant des classes maternelles écrit : « L'enfant au moment de l'éclatement du couple devient morose ; il ne joue plus en classe, il " est dans la lune " et absorbé dans ses pensées et ses réflexions [5]. »

C'est un comportement langagier exprimant un ébranlement profond que l'enfant n'a pas de mots pour traduire. Pour parler, il faut être entier et non en état de morcellement. Il faut, d'autre part, que l'enfant se sente implicitement autorisé à parler de ce problème, et ce grâce aux mots que les deux parents lui auront donnés pour en parler aux personnes étrangères à la famille.

On peut observer le même comportement que celui que tu mentionnes chez un enfant qui vient d'apprendre que son père ou sa mère a un cancer, que son grand-père ou sa grand-mère vient de mourir. Cette même réaction peut survenir également s'il a entendu dire que la situation de son père se dégradait et qu'il serait peut-être chômeur dans quelques semaines. Ce n'est pas un comportement caractéristique de la situation de séparation des parents. C'est un comportement qui témoigne toujours d'un ébranlement profond.

2

Dire ou ne pas dire ?

Tu viens d'évoquer les brusques déstructurations de l'affectivité de l'enfant. Pourrais-tu dire quand et comment annoncer le divorce à l'enfant ? Les brochures, les guides du divorce consacrent en général peu de lignes aux enfants. La Commission sur la garde des enfants du divorce [6] à laquelle tu avais participé avait proposé de rédiger une brochure pour attirer l'attention des parents sur les difficultés que peuvent rencontrer les enfants.

Il n'avait pas été question très sérieusement de faire cette brochure. On en avait parlé. En ce qui me concerne, j'avais dit : « Une brochure ne suffit pas ; les gens auraient besoin d'entendre quelqu'un leur parler, à eux en même temps qu'à leurs enfants, du divorce. » L'essentiel, c'est que les enfants soient avertis de ce qui se prépare au début de la procédure et de ce qui se décide en fin de procédure, même s'il s'agit d'enfants qui ne marchent pas encore. L'enfant doit entendre des paroles justes concernant les décisions prises par ses parents et homologuées par le juge ou imposées aux parents par celui-ci. Au Québec, on procède à une petite cérémonie quand une famille est naturalisée. Toute la famille, les parents, les enfants, y compris les bébés, y participe. Chacun est reconnu individuellement et nommé citoyen de ce pays qui lui en octroie tous les droits à condition qu'il respecte la loi, et on lui lit des articles extraits de la Constitution. Le chef de famille doit signifier son accord ainsi que la mère et tous les enfants qui savent parler. Le bébé qui ne parle pas encore doit être présent, parce qu'on estime qu'il est citoyen dès sa naissance.

De même, il serait très important que les enfants sachent que le divorce de leurs parents a été reconnu valable par la justice, que leurs parents ont désormais d'autres droits, mais que, libérés de la fidélité à l'autre et de l'obligation de vivre sous le même toit, ils ne sont pas libérables de leurs devoirs de « parentalité », dont le juge a stipulé les modalités.

Un divorce est honorable autant qu'un mariage. Sinon, tout le silence qui est fait autour, c'est pour les enfants comme si le divorce était une « saloperie », sous prétexte que cet événement s'est accompagné de souffrance. Or ce n'est pas parce qu'on souffre d'une fracture à la jambe qu'on le cache aux autres comme si c'était une « saloperie ».

Une brochure toute seule ne peut aider les parents. Ils ont besoin de ventiler leurs affects au contact de quelqu'un qui les y aide, car il est difficile pour eux d'avoir à faire subir à leurs enfants quelque chose qui va faire souffrir ceux-ci et qu'ils ne peuvent leur éviter.

> *Pourrais-tu expliquer ce que tu entends par « ventilation des affects » ?*

Par « ventiler », je veux dire que les deux parents doivent humaniser leur séparation, la dire avec des mots et ne pas la garder pour eux sous forme d'angoisse non dicible, exprimable seulement par des humeurs, des états dépressifs ou d'excitation que l'enfant sent comme un ébranlement de la sécurité de ses parents. Il est important qu'ils assument vraiment la responsabilité de leur séparation et qu'un travail de préparation puisse être fait. Certains n'ont pas besoin d'un tiers, mais ils sont peu nombreux. Dans les états passionnels, on ne peut pas parler s'il n'y a pas de tiers. C'est pourquoi il serait souhaitable qu'avant de déposer leur demande en divorce les conjoints aient la possibilité de dire en présence d'un tiers les raisons pour lesquelles ils ne voient pas d'autre solution que leur séparation, et ce au nom du sens de leur responsabilité et non pour des griefs passionnels superficiels. Parler en présence d'un tiers mobilise des affects et des pulsions qui permettent forcément un travail au niveau de l'inconscient. Exprimer leurs différends devant un tiers aiderait les conjoints à reconnaître leur relation interpersonnelle comme insatisfaisante, à faire l'aveu de leur échec et à mûrir leur décision. C'est alors qu'ils pourront annoncer à leurs enfants que leur mésentente devient sérieuse, qu'elle ne s'arrange pas. A ce moment, les enfants devront porter l'épreuve avec leurs parents.

Tu as parlé jusqu'ici d'une ventilation des affects hors du processus judiciaire. Penses-tu qu'elle soit possible dans le cadre même de la procédure ?

Pas de la même manière, puisque alors le couple ou l'un des conjoints est déjà engagé dans ce processus ; mais il se produit généralement des déplacements très symptomatiques, qui varient d'un couple à l'autre : revendiquer certains objets, vouloir obstinément conserver le nom de son mari, désirer obtenir l'autorité parentale à tout prix, ne pas trouver un accord sur le montant de la pension alimentaire, autant de points de fixation possibles, de « chevaux de bataille ».

Ces points de désaccord doivent-ils être affrontés ?

Bien sûr ! Il est alors nécessaire qu'ils soient discutés suffisamment et que, si possible, les hommes de loi fassent comprendre à leurs clients qu'ils cherchent des prétextes plutôt qu'une solution juste pour les enfants et pour eux-mêmes.

La fixation sur certains points de désaccord comme, à l'inverse, la parfaite indifférence de l'un des conjoints face à des revendications de l'autre témoigneraient-elles d'une insuffisance de cette ventilation préalable des affects ?

Certainement ; et l'avocat aurait alors un rôle à jouer en ce qui concerne l'enfant. Assez souvent, les avocats ne pensent qu'à faire plaisir à leurs clients. Ils ne se rendent pas compte qu'à cette étape du divorce mettre l'accent sur l'enfant, c'est justement bien s'occuper de leurs clients parce que c'est s'occuper de leur descendance. Leurs clients sont mortels, mais leurs enfants vivront après eux.

Une fois la procédure engagée, je pense que ce serait au juge d'écouter les parties l'une devant l'autre. C'est d'ailleurs l'esprit véritable de la « conciliation », terme qui pour beaucoup n'a de valeur qu'institutionnelle, juridique.

Il existe des juges qui reçoivent très longuement certains couples qu'ils sentent hésitants ; parfois, si un délai de réflexion leur semble utile, ils vont jusqu'à ajourner l'audience ou la procédure.

Ils sont malheureusement trop rares. Le rythme des affaires oblige à un chronométrage. Alors que temporiser peut être très utile pour mieux aider à mûrir une décision.

Et si aucune ventilation n'a pu avoir lieu parce que deux conjoints, par exemple, ont déjà tout prévu d'un commun accord, sans discuter du fond du conflit, et affirment ne rien avoir à se reprocher l'un et l'autre ?

Il s'agit alors d'une sorte de refoulement, délibéré ou inconscient, qui peut parfois se passer sans dommages, mais qui peut aussi avoir pour effet, après le divorce, des conflits que l'un et/ou l'autre des ex-époux et l'enfant ressentiront d'autant plus intensément que, jusque-là, tout aura été mis en sourdine.

Tu as évoqué la déstructuration de l'affectivité provoquée par un événement qui touche intimement l'enfant. Dans l'enquête que tu as menée [7], la très grande majorité des adolescents n'avaient pas été informés du divorce de leurs parents et des consé- quences qui en découleraient pour eux ; ils le regrettaient tous.

A mon avis, l'enfant devrait être informé verbalement par les parents assumant leurs difficultés. Comme il leur est difficile d'en parler, une aide pourrait leur venir d'une éducation progressive apportée par des films ou par les mass media, si l'orientation de ceux-ci changeait. En général, les parents qui se disputent devant leurs enfants et qui ont une grande mésentente ne veulent pas l'avouer devant ceux-ci : « Va-t'en, circule ; cela ne te regarde pas, ce qui se passe ici entre nous. » Cela les regarde pourtant au premier chef.

Si les enfants étaient mis au courant, ils ne vivraient pas dans un rêve que l'on essaie d'entretenir, un rêve conforme à l'idéalisation du petit enfant, celui du « papa-maman » soudé, inséparable, qui représentait leur sécurité. Les informer pourrait être très positif pour eux ; car, plus les parents ont de difficultés, plus les enfants peuvent être soutenus à devenir rapidement autonomes.

Par ailleurs, c'est vraiment de la bêtise de ne pas les informer, car les enfants sont tout à fait capables d'assumer la réalité qu'ils vivent. Puisqu'ils la vivent, cela prouve qu'inconsciemment ils l'assument ; mais il faut mettre des mots dessus, pour que cette réalité leur devienne consciente et soit humanisable. Sinon, au lieu d'humaniser la réalité, ils l'animalisent ou bien l'idéalisent en fuyant dans des fantasmes.

A l'inverse de cela, certains parents évitent de se disputer devant l'enfant, essaient de cacher leurs désaccords et divorcent « à l'amiable ».

L'expression « à l'amiable » est un terme juridique. Cela signifie que les conjoints ne sont pas forcés de s'envoyer des lettres d'injures, que la justice leur permet de choisir un même avocat pour soumettre au juge leurs décisions concernant les enfants. Celui-ci les accepte en général. C'est cette procédure-là que l'on appelle « à l'amiable ». Mais si « à l'amiable » signifie « hypocritement », c'est-à-dire « divorcer sans prévenir l'enfant », c'est dramatique, car c'est justement ce qui est traumatisant pour lui.

Pour être informées des formalités à accomplir en vue d'un divorce, il arrive assez souvent que des mères s'adressent en premier lieu soit à une assistante sociale, soit à une conseillère conjugale et familiale, soit à un conseiller juridique. Ceux-ci notent le plus souvent la grande réticence des mères à parler de l'enfant à cette occasion. A leurs questions à propos de l'enfant, ces mères répondent souvent : « Il ne se rend compte de rien », « Il est trop petit », « Il encore bébé pour son âge. » Le premier intervenant doit-il cependant tenter d'inciter la mère à parler à l'enfant ?

Les premières paroles entendues par une personne en état de bouleversement affectif ont toujours un impact très important. L'intervenant doit dire à une mère : « Le problème que pose votre divorce, ce n'est pas vous, mais votre enfant, et l'âge qu'il a. »

Tu as écrit qu'il était important que les parents disent, au moment où ils annoncent leur intention de divorcer, qu'ils ne regrettent pas la naissance de l'enfant [8].

C'est important en effet, parce que, sinon, l'enfant pense qu'ils regrettent tout puisqu'ils veulent annuler la parole donnée. Il croit alors que les parents annulent non seulement leurs accords entre eux, mais en même temps l'amour qu'ils ont pour lui, d'autant plus qu'il est incité à dire dans cette situation : « Je ne t'aime plus » à l'un des parents, lorsqu'il s'identifie à l'autre parent. Et, comme en lui-même il a besoin de continuer d'aimer ses deux parents, si rien ne lui est expliqué, il se passe quelque chose qui gauchit son équilibre profond.

Si les parents se sont aimés, s'ils se sont désirés au moment de la conception et de la naissance de l'enfant, il ne faut pas qu'ils dénient l'amour qu'ils ont eu pour lui parce qu'ils dénient l'amour qu'ils ont eu l'un pour l'autre à un moment donné. Il faudrait éviter que l'enfant ne soit amené à imaginer que, puisque ses parents ne s'aiment plus entre eux, ils n'aiment plus *en lui* l'autre parent – c'est-à-dire au moins la moitié de sa vie à lui –, même s'ils aiment chacun la partie qui a été conçue par eux. L'enfant a besoin que chacun de ses deux parents lui dise : « Je ne regrette pas de m'être marié, même si c'est difficile de divorcer, puisque tu es né et que chacun de nous est si heureux que tu sois là que nous nous disputons pour t'avoir davantage » ; ou, puisque les procédures de séparation des parents non mariés sont désormais assez semblables à celles du divorce : « Je ne regrette pas d'avoir vécu avec ton père [avec ta mère], puisque chacun de nous est si heureux de t'avoir que nous nous disputons pour t'avoir plus. »

Si l'enfant est né d'un désir physique et non d'amour, s'il est né à un moment où les corps de ses géniteurs s'étaient unis sans qu'ils fussent certains de rester ensemble, je crois que, là aussi, il est important de le lui dire, car cela signifie que lui a eu cette force de venir dans un couple qui n'était pas certain de durer. C'est lui qui a désiré prendre vie ; il n'a pas « faussecouché », ce qui prouve qu'il y avait pour lui de quoi vivre dans ce couple qui apparemment ne s'entendait pas : il a donc, lui, la responsabilité de sa vie. L'influence réciproque de deux êtres qui partagent leur veille et leur sommeil n'est pas négligeable, car la communication des inconscients peut s'y révéler totalement différente de celle qu'ils prévoyaient lors de leur liaison amoureuse sans vie commune.

De plus, la naissance des enfants peut être le point de départ de difficultés qui, si le couple avait été stérile, ne seraient pas apparues. Il s'agit là de ce que la psychanalyse a permis de comprendre : les répétitions de situations mal vécues par un parent dans sa propre enfance. Si une tierce personne parlait à l'enfant devant ses parents devenus passionnément ennemis, ce qu'elle aurait d'important à lui dire serait : « Ce divorce et cette souffrance ne sont pas inutiles, puisque tu es né et que tu es une réussite de ce couple. » Car, même s'il y a des difficultés pour un couple à cause des enfants, le fait d'avoir une descendance est une réussite du couple.

Or bien des enfants se sentent coupables du divorce en raison des complications des charges et des responsabilités que leur existence fait peser sur leurs deux parents. Cela peut devenir une épreuve terrible pour eux. Ils disent : « Je n'aurais pas dû vivre. Je ne me marierai pas pour être sûr que je ne rendrai pas des enfants malheureux. » Cette culpabilité apparaît au moment de la puberté. C'est la culpabilité d'être né de ce couple-là. On ne se méfie pas assez de ses effets délétères, non pas à court terme, mais au moment de l'adolescence, au moment de prendre soi-même en charge une liaison amoureuse.

Certains auteurs affirment qu'il est nécessaire de dire à l'enfant les motifs du divorce : « Ton père boit », « Ta mère est trop jalouse et me fait des scènes » ou « Ton père fréquente une autre femme » (« Ta mère fréquente un autre homme »), cela afin qu'il comprenne qu'il s'agit de raisons sérieuses.

Je pense que ces raisons invoquées par chacun des parents séparément – on ne peut les empêcher d'en donner – sont toujours de fausses raisons, en tout cas pour les psychanalystes. Car nous savons bien que, si un homme prétend qu'il s'est mis à boire depuis son mariage, en réalité, ou bien il buvait déjà avant – et sa femme, pour des raisons personnelles (elle était, par exemple, la fille d'un homme qui buvait), avait besoin d'épouser un homme qui buvait –, ou bien c'est effectivement que quelque chose de nouveau s'est produit dans ce couple : la maternité a peut-être rendu cette femme négligente à l'égard de son mari – ce que l'on voit très souvent.

Quant aux : « Ta mère est trop jalouse et me fait des scènes », l'enfant assiste aux scènes, mais il en ignore la raison profonde. Il n'est pas témoin de ce que le père fait quand il n'est pas à la maison. Il voit simplement que ses parents se disputent. Or il voit aussi des camarades dont les parents se disputent et qui restent ensemble. Les disputes ne sont pas une raison de divorce, contrairement à ce que croient beaucoup de gens. Ce qui est motif de divorce, c'est que chacun veut retrouver sa liberté, soit sa liberté sexuelle, soit sa liberté d'action, soit sa liberté pécuniaire, sans avoir à entendre les critiques de l'autre, parce qu'il n'y a plus d'amour et, surtout, qu'il n'y a plus le désir qui fait que deux êtres, malgré des désaccords fréquents, ont une électivité de recherche sexuelle l'un pour l'autre et, pour des raisons qui ne sont jamais logiques, jamais justifiables, ne peuvent se séparer ; bref, quand ce ne sont plus des êtres qui ont le besoin en même temps que le désir de rester ensemble.

Toutes les justifications du divorce, à mon avis, sont de fausses justifications. Mais ce que l'on peut dire, expliquer à un enfant – et qui l'initie à ce qu'est la vie de l'adulte –, c'est que chacun de ses parents a pris ses responsabilités, y compris lorsqu'il y a désaccord entre leurs intentions : par exemple, quand l'un veut divorcer et l'autre non. Celui qui veut divorcer a pris ses responsabilités. C'est en tant qu'adulte responsable qu'il ne voit pas d'autre solution que le divorce à la continuation de sa vie en bonne santé.

De même, l'enfant, que l'on ne trompe pas, sent très bien si celui qui ne veut pas divorcer s'y refuse par sécurité ou parce qu'il ne voit pas comment trouver une solution satisfaisante pour lui-même. L'enfant sent très bien la vérité chez celui qui est le « vivant », celui qui cherche à divorcer, et chez le « clopinant », l'« œuvrant », le « besogneux » qui refuse le divorce parce qu'il ne sait plus ce que c'est que d'aimer un adulte de l'autre sexe. En réalité, tout divorce est une question de désir sans amour, de désir devenu lassant, de désir mort entre deux adultes. L'enfant, lui, ne peut pas savoir ce qu'est le désir puisqu'il est encore enfant. Il croit savoir ce qu'est l'amour, mais il ne sait pas ce qu'est l'amour nécessairement lié au désir chez l'adulte, ni l'amour dissocié du désir chez des parents qui continueront d'avoir ensemble de bonnes relations sociales après avoir divorcé.

Les enfants peuvent se contenter artificiellement de ce qu'on leur dit sur les disputes, la boisson et les mésententes apparentes, conscientes, auxquelles ils assistent ; mais il est beaucoup plus difficile pour eux d'assister ensuite à des colloques tranquilles entre leurs parents, à des rencontres au restaurant, au café ou ailleurs, dans des réunions familiales dans lesquelles les parents semblent, comme ils disent, « s'aimer bien ». Il faut donc des réponses justes, avec des mots qui à la fois initient à la vie sensée des adultes et justifient chez l'enfant sa confiance dans le sentiment de responsabilité assumée par les adultes – tout autant s'ils sont divorcés –, même s'il ne peut pas comprendre encore vraiment cette responsabilité. Il existe de nos jours des divorcés qui revivent ensemble une quinzaine d'années plus tard. Comme les enfants s'autorisent davantage maintenant à parler entre eux de divorce, ils sont au courant de situations semblables.

> *Une fillette de cinq ans à qui son père avait annoncé son intention de divorcer et son départ immédiat a pu dire, trois ans plus tard, qu'elle avait immédiatement perdu tous ses bons souvenirs des moments qu'elle avait passés avec lui pour ne garder que les mauvais souvenirs.*

Quelle est la question ?

> *Les parents ne sont pas toujours conscients qu'il se passe dans le cœur d'un enfant un processus dynamique dont il ne peut parler sur le moment mais qui va porter ses fruits.*

Je pense que cela a été reconstruit après coup par la fillette. Le fait d'annoncer quelque chose à quelqu'un et de l'exécuter aussitôt, de passer à l'acte immédiatement, est traumatisant pour ce dernier, car les actes chez les humains sont toujours précédés de projets. Dans ce cas, le père a mis son enfant brusquement devant un fait accompli : ce qu'il lui a dit s'est immédiatement réalisé. Je crois que cela a été tellement mutilant pour elle que, pour moins souffrir de l'absence non prévue, elle a préféré ne garder que les mauvais souvenirs de leur co-vivance antérieure.

Cela me rappelle un exemple ancien, celui d'une fillette de onze ans, non encore réglée, à qui son père avait annoncé qu'il allait quitter sa femme. C'était une jeune fille calme, qui savait déjà se contrôler. Or, quand il le lui a annoncé, elle a poussé un hurlement de bête blessée et a ressenti une douleur épouvantable au ventre. Au moment de ses premières règles, cette jeune fille a fait une péritonite tuberculeuse et elle est restée stérile. Elle se souviendrait toujours, disait-elle, de ce bouleversement de son ventre et de ce hurlement de douleur, car le hurlement avait été concomitant. Son père venait de lui annoncer la séparation, et c'est cette douleur qui l'avait fait hurler. Je pense que, si cela s'est passé ainsi, c'est parce que la nouvelle lui a été annoncée dans une relation duelle père-fille, alors qu'elle aurait dû lui être annoncée dans une situation triangulée : aussi bien par la mère que par le père.

> *Dans le cas que je viens d'évoquer, la mère était présente, mais c'est le père qui a parlé.*

Ce qui compte, c'est que, pour l'enfant, cela n'avait pas été prévu et que ce fut tout de suite suivi d'effet, comme dans mon exemple. Dans les deux cas, il y a similitude : annonce de la séparation dans un ciel serein qui, aux yeux de l'enfant, ne la laissait pas prévoir, suivie d'une exécution immédiate.

Cependant, la fillette de cinq ans, c'est dans son histoire qu'elle dit avoir mutilé tous ses bons souvenirs, tandis que l'autre, c'est dans son corps que le processus de mutilation de sa féminité s'est originé, au moment de la révélation du divorce, et qu'il a continué à bas bruit jusqu'au moment de la puberté ; alors cette souffrance s'est exprimée somatiquement par la péritonite tuberculeuse et la stérilité pour la vie.

L'important, c'est que l'enfant sache que le divorce

est toujours un moindre mal. Comme une opération chirurgicale qui retire ce qui n'est plus vivant dans le corps qui était engagé dans un processus mortifère. C'est bien le cas lorsque la vie commune d'un couple est devenue insupportable pour l'un des deux, et parfois pour les deux. Ce climat de vie commune est porteur d'une souffrance que le divorce a pour but de faire cesser.

Certains parents, après avoir expliqué à leurs enfants qu'ils vont divorcer, s'étonnent que le jour suivant ceux-ci semblent avoir tout oublié ; d'où ils concluent que leur explication n'a servi à rien.

C'est que les parents n'ont pas dit : « Nous avons mis longtemps à nous décider à nous marier, et ce n'est pas du jour au lendemain non plus que nous allons nous décider à divorcer. Nous avons pris beaucoup d'engagements en vous mettant au monde, il faut maintenant que nous y voyions clair. Ce n'est pas parce qu'on se dispute sur le moment que les choses peuvent se défaire tout de suite. Ce n'est pas comme quand on joue et que l'on dit : je ne joue plus. C'est trop sérieux, le mariage. Mais cela ne veut pas dire que nous revenons sur ce que nous avons dit : cela ne va pas bien entre ta mère et moi [ton père et moi]. »

Il faut que les enfants sachent que les parents temporisent et ne font pas les choses par caprice.

Cependant, même lorsque les parents disent qu'ils ont mûri leur décision, certains enfants disent avoir oublié le jour suivant.

C'est leur affaire. Il faut leur dire : « Tu as oublié parce que tu voulais oublier. » Il faut toujours laisser les enfants avec leurs fantasmes et leurs manières de réagir ; mais ce n'est pas une raison pour que les parents se mettent à leur diapason. Souvent, l'enfant réagit en se mettant à inventer. Quand il fabule qu'« on va aller en Amérique », les parents lui diront : « Tu sais bien qu'on va en Normandie. Mais raconte ça à tes copains si cela peut te faire plaisir. » Les enfants ont besoin de fabuler lorsque quelque chose est trop difficile à assumer. Il faut leur dire la vérité, tout en leur laissant leur mode de réaction à cette vérité quand elle est difficile et qu'ils ont besoin de fabuler.

Si les deux parents se parlaient et parlaient à leurs enfants de leur projet de séparation, de façon responsable, les enfants pourraient apporter plus facilement des suggestions, des nuances, des modifications, faire évoluer le projet pour ce qui les concerne. Dans ces conditions, la convention (si c'est un divorce par demande conjointe), les propositions (si c'est un divorce par faute) seraient travaillées avec eux, et ils pourraient espérer que la décision serait mieux préparée, donc mieux appliquée.

En effet.

Tu as écrit que la loi ne prévoit pas que le juge puisse dire, dans certains cas, aux parents qu'il serait dangereux pour leur enfant de divorcer actuellement ; qu'ils feraient mieux d'attendre trois ou quatre ans[9]*. Voulais-tu dire par là qu'il y a une période particulièrement délicate de la vie de* *l'enfant qui pourrait amener les parents à différer la procédure de divorce ?*

J'évoquais la période du petit âge, jusqu'à quatre ans révolus ; mais, dans des situations précises, cette période peut se prolonger jusqu'à ce que l'enfant ait onze, douze ans.

Il faudrait, dans ces situations, que chacun des parents, tout en acceptant de différer le divorce, soit symboliquement présent à l'enfant ; que l'autre parent permette au premier d'être présent pour l'enfant, même si le couple vit désormais un couplage « socio-amical » – ce qui est le contraire de la mésentente. En effet, pour l'enfant, le couplage socio-amical d'un homme et d'une femme n'implique pas obligatoirement qu'ils couchent ensemble et que tous deux soient toujours présents à la maison. Pour lui, même si l'un de ses parents n'est plus à la maison, celui-ci est toujours responsable de son éducation.

S'intéresser à chacun de ses enfants et ne pas laisser jouer son rôle par d'autres, c'est la fonction symbolique et affective du parent absent de chez lui. J'en veux pour preuve qu'autrefois de nombreux enfants dont le père était aux armées ou aux colonies, vivant avec leur mère, avaient une relation épistolaire avec le père. Le sentiment de responsabilité paternelle de certains pères qui écrivaient une lettre mensuelle à chacun de leurs enfants les rendait symboliquement beaucoup plus présents à ceux-ci que ne l'étaient d'autres pères, présents chez eux mais sans s'intéresser personnellement à l'éducation. De son côté, chaque enfant écrivait personnellement au père. Celui-ci entretenait des relations épistolaires personnalisées avec sa famille qu'il entretenait pécuniairement – ce qui donnait un impact tout à fait suffisant à la fonction symbolique du père.

Aujourd'hui, il existe des situations de fait, dues soit à des circonstances professionnelles (éloignant par exemple l'homme ou la femme de son foyer), soit à des arrangements entre les deux conjoints dont la vie sexuelle et affective n'est plus satisfaisante. Ces situations n'infirment pas le lien entre l'enfant et ses deux parents, à condition qu'elles impliquent des relations personnalisées et régulières de l'enfant avec chacun de ses deux parents, même si elles ne sont pas nécessairement quotidiennes.

3

Fonction positive des devoirs

S'il n'y a pas d'exercice de l'autorité parentale conjointe, c'est le « parent continu [10] » qui prend les décisions importantes concernant la scolarité, l'orientation, la santé de l'enfant qui vit la majeure partie du temps avec lui. L'enfant a beaucoup moins de contacts avec le « parent discontinu », qui a, selon la loi, un droit de visite et de surveillance.

L'enfant n'aura-t-il pas tendance à croire que le parent continu a été mieux considéré par le juge, autrement dit que c'est celui-là qui a raison, tandis que le parent discontinu a tort, qu'il est puni ?

Le juge devrait recevoir les enfants et leur expliquer la décision qu'il a prise. Elle suscite toujours, en effet, des interprétations fausses tant chez les parents que chez les enfants. C'est comme ça lorsque l'on souffre de quelque chose. Le juge devrait donc expliquer les raisons pour lesquelles, étant donné les conditions matérielles et les exigences de la loi, il a dû décider d'attribuer la garde de l'enfant à l'un des parents – et ce, notamment, pour satisfaire aux nécessités du temps principal, le temps scolaire – et de répartir les jours de congé à passer avec l'un et l'autre parents.

Il m'est très souvent arrivé de parler à des parents

pour leur dire que celui qui a l'enfant seulement pendant les vacances vit avec lui en réalité la période la plus importante pour son éducation, à la différence du parent qui en a la garde pendant l'année scolaire.

Les jours de semaine – c'est-à-dire le temps principal –, l'enfant les passe chez le parent qui a le moins de temps à consacrer véritablement à son éducation. Ce parent-là, c'est le « garde-chiourme », il s'occupe du dressage. C'est celui qui, le matin, bouscule l'enfant pour qu'il se lève, pour qu'il aille à l'école, le fait déjeuner dans la presse à midi et, le soir, dans la presse l'oblige à faire ses devoirs. Cela, ce n'est pas de l'éducation, c'est du dressage : l'apprentissage de la soumission à la réalité scolaire.

Le temps des vacances est plus éducatif que le temps scolaire, au point que le parent chez lequel l'enfant réside la plupart du temps est celui qui a le moins d'influence éducative. Or ce fait n'est pas du tout compris. J'en ai parlé récemment à une commission, et tout le monde opinait du bonnet. Hors du temps scolaire, l'adulte a du temps pour parler, pour faire des choses avec l'enfant. Il n'y a alors obligation de travail ni pour les parents ni pour les enfants. Tout ce qui est de l'ordre de la culture, d'une relation en profondeur, ce sont les week-ends et les vacances qui le permettent : c'est le moment d'un véritable contact avec le parent, dans ce qu'il y a de gratuit dans la relation entre humains. Il n'est donc pas vrai que le parent continu soit avantagé. Les deux situations présentent chacune des avantages.

On entend des femmes divorcées regretter que leur ex-conjoint ne fasse pas preuve d'inventivité dans les jeux, les promenades pendant les week-ends, et se borne à emmener les enfants faire les courses au supermarché. Elles souhaiteraient une aide éducative, culturelle, de la part de leur ex-mari pendant ces moments-là.

Ce qui compte véritablement, ce n'est pas ce que font ou ne font pas les parents ; et le juge devrait le dire aux enfants : « C'est vous qui devez prendre votre vie en charge ; vos parents sont là pour vous y préparer. » C'est la responsabilité des parents ; le juge, lui, décide de l'attribution de cette responsabilité selon un temps principal et un temps secondaire.

Dans la nouvelle loi [11], il aurait mieux valu employer le terme de « responsabilité parentale » plutôt que celui d'« autorité parentale ». Le terme autorité ne correspond plus à la réalité de la personnalité des parents actuels. Les adultes n'ont plus d'autorité, et les enfants se rendent bien compte des carences en autorité de leurs parents. En revanche, ils savent que leurs parents sont *responsables* d'eux : l'usage du terme « responsabilité » permettrait plus facilement aux parents et aux enfants de se faire aider par quelqu'un. Il y a des cas de plus en plus nombreux où les parents ont si peu d'autorité qu'ils font partie du groupe des « parents battus » qui, maintenant, grossit de jour en jour. *Quid* de l'autorité donnée par le juge quand les parents n'en ont pas ?

Au cours de son développement, de l'âge du nourrisson à l'adolescence, l'enfant se construit avec des repères. Tu insistes dans tes écrits sur certains moments structurants qui devraient amener à des renoncements nécessaires fondant progressivement l'autonomie de la personne. Y a-t-il des âges auxquels il serait préférable, chaque cas restant un

41

cas particulier, de confier un enfant plutôt à sa mère ou plutôt à son père ?

Oui. Il y a tout de même, pour un enfant avant quatre ans, une dominante, celle de la nécessité de la présence de la mère si c'est elle qui s'occupe du bébé depuis sa naissance, si elle est sa maman.

Je pense à l'exemple d'un couple qui se séparait, dans lequel c'était le père qui s'était toujours occupé du bébé. La mère revendiquait l'enfant parce qu'elle était la mère. Or « maman », c'était le père qui vivait à la maison [12], la mère gagnant sa vie à l'extérieur. Elle partait donc le matin et revenait le soir ; elle n'était pas du tout la maman habituelle de l'enfant. Il faut donc considérer chaque cas dans sa particularité.

Si l'enfant est élevé par une personne salariée et non par la mère, on ne voit pas du tout pourquoi il serait confié à la mère plutôt qu'au père, si celui-ci passait plus d'heures avec lui quand il était bébé et qu'il est d'accord pour que ce soit la même personne salariée qui s'occupe de l'enfant. Il s'agit là de bébés. On peut encore parler de « bébé » tant que l'enfant n'a pas atteint trois ou quatre ans. En général, jusqu'à cet âge, le temps principal de la garde devrait être attribué à la « mère-maman ». Mais, comme je l'ai déjà souligné, l'enfant a surtout besoin du lieu où il a vécu jusque-là, qui est pour lui comme une « maman », sorte d'enveloppe spatiale de sa sécurité. Quand l'autre conjoint veut voir l'enfant petit, il devrait, à mon avis, lui rendre visite dans le cadre où l'enfant vit habituellement.

Pour un enfant à partir de cinq ans – garçon ou fille –, il serait préférable que la mère et le père aient, chacun de leur côté, leur propre vie affective et sexuelle, afin que l'enfant ne soit pas mis dans la situation de se considérer à la fois comme l'enfant et le conjoint de sa mère ou de son père, ce qui bloque sa dynamique de structure. Il est dangereux que le fantasme d'être le conjoint soit comme confirmé par la réalité.

Une situation triangulaire est toujours préférable pour l'enfant. Il est mieux pour les enfants des deux sexes que la mère soit à nouveau couplée, surtout si, de son côté, le père vit seul. De même, il est mieux pour les enfants des deux sexes que le père soit couplé, mais surtout pour le garçon, lorsque la mère vit seule [13]. Alors qu'on laisse encore par principe les garçons avec leur mère, qu'elle soit seule ou non, et ce jusqu'à douze, treize, quatorze ans. Cela installe pour le garçon des prérogatives de droit sur la mère, notamment celle – qui est généralisée – de faire de gros câlins sur les genoux ou au lit, câlins qui, peut-être, s'ignorent comme sexuels (alors qu'ils répètent la sexualité infantile).

Quand ils grandissent, leurs mères se plaignent qu'elles ne peuvent pas en « venir à bout ».

C'est en réalité pire que cela. Ils sont pervertis, et leur mère aussi. Elle n'est plus unifiée, elle n'est plus une citoyenne. Elle est une esclave de ses enfants-garçons et une rivale de ses enfants-filles.

Mais, même si la mère est remariée, il serait important que le père prenne la responsabilité de son fils lorsque celui-ci est âgé de cinq, sept ans. Son fils a besoin de lui pour son développement d'homme et de futur père. Si le père renonce à s'occuper de lui, il l'oblige à « coller » à sa mère et à l'homme de celle-ci, si elle en a un ; et c'est nuisible.

Actuellement encore, l'opinion publique et les magistrats ne conçoivent pas que l'autorité parentale soit attribuée au père avant que l'enfant ne soit suffisamment grand. Je pense au cas récent de ce garçon qui, à douze ans, a choisi de rejoindre son père et de rester avec lui. C'est devenu une affaire dont la presse a parlé, se faisant l'écho des discussions et commentaires.

Cette histoire a fait réfléchir toute la France. Elle prouve, heureusement, que les jeunes générations sont plus dynamiques que les anciennes.

Pourrais-tu évoquer maintenant les situations où le père et la mère restent seuls ?

Dans ces cas, il serait préférable que le garçon à partir de cinq ans, ou de sept ans, s'il souffre d'un retard affectif, aille vivre avec son père, et la fille avec sa mère, mais à condition, dans ce dernier cas, que la mère ne se replie pas entièrement sur sa fille afin de ne pas lui donner l'image d'une femme victime, car elle ferait obstacle à l'évolution de son enfant.

Quel rôle peuvent jouer la famille et les amis ?

Il est important pour l'enfant de savoir que sa mère n'est jamais quelqu'un de socialement et sexuellement seul, ni le père non plus ; qu'il existe autour d'eux soit un groupe ethnique, soit des amis, soit de la famille. Le rôle de ceux-ci est très important. Une fille peut avoir besoin de voir les femmes de la famille de son père davantage que les femmes de la famille de sa mère. Il est certain qu'une fille a besoin de femmes pour continuer à se construire, même si elle vit seule avec le parent masculin. Un garçon a besoin d'hommes pour se construire, même s'il est confié à la garde de sa mère. La mère fréquente-t-elle suffisamment d'hommes pour que ce garçon arrive à se former ou n'est-il entouré que par des femmes du côté de sa mère ? Voilà la question qui se pose.

Du côté du père, si celui-ci est un peu « carencé » dans son rôle à l'égard de son enfant, d'autres hommes pourraient-ils recevoir cet enfant ? Dans ce cas, il faudrait un aménagement entre le juge et le père incapable d'assumer son fils. Si le père, par exemple, est malade mental ou alcoolique ou instable, ou s'il n'est jamais chez lui, il faudrait parvenir à une entente pour que ce soient des gens du côté du père, parmi lesquels il y a des modèles masculins, des hommes, qui puissent recevoir l'enfant le jour de visite du père, quand celui-ci est absent ou qu'il est incapable de recevoir son enfant. Si, par exemple, le père n'a plus de mère et n'a pas de sœur, il est très important pour sa fille de connaître les personnes féminines que le père estime et apprécie socialement. Car elle a besoin d'avoir des modèles appréciés par la mère, côté mère, et de femmes appréciées par le père, côté père, sans qu'elles soient forcément des amantes du père, mais des personnes qui servent de modèle à son développement.

Tu viens de souligner l'importance de l'environnement familial et social pour l'enfant. Souvent, surtout si le divorce a été déclenché par une liaison de l'ex-conjoint, le parent continu traverse une période où il n'a ni le désir, ni le temps, ni les possibilités matérielles, peut-être, de vivre une vie sociale.

Oui ; c'est pourquoi il serait très important que les structures sociales, les institutions permettent aux femmes et aux hommes divorcés d'avoir des occupations qu'ils aiment : pratiquer des sports, des loisirs. Il faudrait que la mère (le père) puisse quitter son enfant pour s'occuper d'elle-même (de lui-même). Car alors, même si la vie affective du parent continu est en veilleuse, l'enfant est élevé, d'une certaine façon, dans une situation triangulaire : à côté de l'enfant, il existe la vie sociale de la mère (du père) et le plaisir qu'elle (il) trouve à certaines occupations.

De toute façon, il serait préférable qu'il y ait ensuite un adulte de chaque sexe à la maison. De ne pas se développer avec un représentant de chaque sexe à la maison produit une sorte d'hémiplégie symbolique chez l'enfant. Cette situation peut être compensée lorsqu'il y a dans l'entourage une famille d'accueil amie : un parrain, un oncle, une tante, des amis chez lesquels il peut aller et dont la mère n'est pas jalouse. « Mais qu'est-ce qu'elle a donc de plus que moi, ta tante, pour que ce qu'elle dit ait tant d'importance ? » disent certaines mères. L'enfant a du mal à répondre : « C'est qu'elle, elle a un mari », alors que c'est bien la raison pour laquelle cette femme est une référence pour lui.

> *Est-il préférable, lorsqu'il y a une fratrie, de confier l'ensemble des enfants au même parent ou de les séparer ?*

Chaque fois, le cas est particulier. Quand ils sont petits, il est légitime de ne pas les séparer. Lorsqu'ils grandissent, il n'est pas toujours sûr qu'ils aient besoin de vivre ensemble, car cela peut favoriser des relations trop exclusives, ce qui est dangereux à la puberté, notamment, entre un frère et une sœur.

Le fait de confier majoritairement l'autorité parentale à la mère ne favorise-t-il pas chez l'enfant la perception d'une mère toute-puissante ?

Cela, c'est surtout le fait d'une mère qui n'a plus de contacts avec la société. Rien n'est plus terrible, pour des enfants, qu'une mère qui pourra leur dire : « J'ai tout sacrifié pour vous », c'est-à-dire qui aura vécu en fausse veuve ou en fausse vieille fille, sous prétexte qu'elle avait la charge des enfants. On en voit les répercussions à long terme, non seulement chez les enfants, mais plus tard, dans la famille des petits-enfants : ils ont le sentiment d'avoir été sadiques. Ce sont des enfants qui croient avoir « sadisé » leur mère. Et je ne pense pas que l'ex-mari y soit pour quelque chose. C'est la situation créée par le jugement de divorce qui produit ce fait : une mère ayant tous les pouvoirs et tous les devoirs, et qui le vit comme n'ayant aucune liberté. Et c'eût été la même chose, quel que soit l'homme dont cette femme aurait divorcé.

Il est tout de même étonnant de voir que, naguère, la plupart des juges, qui étaient des hommes, ne confiaient la « garde » des enfants, par principe, qu'aux femmes.

Beaucoup de juges aux affaires matrimoniales sont aujourd'hui des femmes. J'ai lu qu'elles attribuaient plus volontiers que les juges hommes l'autorité parentale aux pères.

C'est bien ce que je te disais. Il semble que les juges hommes aient davantage accordé la « garde » aux femmes.

C'est comme si, pour les hommes, il était normal que les hommes se débarrassent de l'éducation des enfants sur les femmes et qu'ils ne puissent pas assumer l'éducation de leurs enfants s'ils lâchent la « légitime » avec laquelle ils ont eu des enfants.

Par ailleurs, dans le monde occidental, trop d'hommes encore estiment que leur semence donne un enfant à la femme et qu'ils n'en sont pas responsables ensuite.

> *Anna Freud, Solnit et Goldstein proposaient qu'« en cas de conflit de loyauté » le parent qui a le droit de garde « ait le droit de décider s'il est souhaitable ou non pour l'enfant de recevoir » les visites de « l'autre parent », lequel « ne devrait donc pas disposer d'un droit de visite légal et imposé ». « L'État n'aurait ni à favoriser ni à briser la relation entre l'enfant et l'autre parent, relation que les adultes concernés ont pu déjà endommager considérablement. Ce mode de faire laisserait aux parents la responsabilité de ce qu'ils pourront en définitive résoudre par eux-mêmes [14]. »*

C'est inouï ! Car c'est un devoir absolu pour l'autre parent que de visiter son enfant : quelqu'un ne peut pas se mettre en travers du devoir d'un autre.

> *C'est, disaient-ils, « dans le but de protéger la sécurité de la relation en cours entre l'enfant et le parent qui en a la garde [15] ».*

On ne protège pas la sécurité de la relation en privant l'enfant de la connaissance de l'autre parent. C'est, au contraire, la promesse d'une très grande insécurité future, et qui serait déjà présente dès la mise en œuvre d'une telle mesure, puisque c'est une annulation d'une partie de l'enfant, par laquelle il lui est signifié implicitement que cet autre est quelqu'un de dévalorisé et de fautif. Cette sécurité au prix d'une annulation d'une partie de l'enfant, qu'est-ce que cela veut dire ? C'est comme si l'on voulait réunifier l'enfant en lui donnant un seul parent, une seule personne. C'est une régression. Comme si le troisième n'était plus que le placenta et non une personne. Comme si le gardien maternant – que ce soit l'homme ou la femme – suffisait pour l'enfant. Comme si, lorsque la mère est le gardien maternant, l'enfant n'avait pas besoin de père, puisque « de père on peut s'en passer ». On ne se passe pas de ce qui est nutritionnel, certes. Mais ceux que tu cites appellent « nutritionnel » uniquement ce qui se passe pendant le temps scolaire, alors qu'il y a aussi le temps de la culture et de l'éducation, également « nutritionnel » en un sens.

De toute façon, le divorce met en cause les repères affectifs. Et ce n'est pas en disant : « Il n'y a pas de problème puisque tu ne vois qu'un seul parent » qu'on aide l'enfant à assumer les difficultés, mais, au contraire, en lui disant : « Il y a problème, puisque tes parents sont séparés. Tu as des difficultés à pouvoir aimer tes deux parents, car tu penses qu'il y en a un des deux qui est plus malheureux que l'autre et que c'est cet autre qui l'a rendu plus malheureux. » C'est tout ce travail-là qui devrait être fait, non par le juge, mais par des personnes latérales qui pourraient parler et écouter les enfants.

Comme je l'ai dit plus haut, les enfants ont besoin d'un continuum espace et temps, du continuum affectif et du continuum social.

Il est fréquent que le parent continu, lorsque l'enfant revient des week-ends ou des séjours chez le

*parent discontinu, cherche à savoir ce qu'il a fait,
ce qu'il s'est passé. Tu remarques à ce sujet :
« Quand les parents sont séparés et que l'enfant
est avec le père, il ne sait plus comment il est avec
la mère. Et la mère lui dit : Qu'est-ce que tu as
fait avec ton père ? Il n'en sait rien. Il est avec la
mère et il n'est plus le même qu'avec le père : il
est ailleurs et autrement. Et puis en quoi est-ce
que cela la regarde ? C'est son père à lui (ou à
elle, si c'est une fille)* [16]. *»*

*Y aurait-il une fréquence optimale du « droit de
visite » ?*

Je ne peux pas supporter d'entendre ce mot « droit » de
visite. C'est un devoir de visite que le parent discontinu
doit remplir. Un droit, pas du tout. On devrait changer
les termes.

*J'ai utilisé le terme « droit de visite » qui est inscrit
sur les jugements.*

Pour que cela fasse effet sur les parents et les enfants,
il faudrait dire, chaque fois, *devoir de visite* au lieu de
« droit de visite ».

*Le plus souvent, le parent qui n'a pas la garde de
l'enfant se voit confier celui-ci deux fins de semaine
par mois ainsi que la moitié des congés scolaires,
mais cette répartition n'a rien d'obligatoire. Il
s'agit d'une pratique courante des tribunaux, mais
la fréquence peut augmenter : certains juges aux
affaires matrimoniales accordent un ou deux mer-
credis par mois en plus.*

Tu estimais, quant à toi, que deux jours par

semaine, soit cent quatre jours par an, constituaient
le temps minimum que l'enfant devait passer avec
son autre parent [17]. *Tu arrivais ainsi à peu près au*
même nombre total de jours que ce qu'accordent
habituellement les juges.

Cependant, il arrive qu'il ne soit pas possible au parent
discontinu de remplir ce que je voudrais faire reconnaître
comme son « devoir de visite », soit du fait du parent
continu, soit du fait de l'enfant, qui manifeste des réactions psychosomatiques au moment de la visite. Alors,
c'est l'enfant qui ne « permet » pas au parent discontinu
de venir le voir. Dans ce cas-là, on pourrait préciser que
le temps qui n'a pas été pris en cours d'année sera
regroupé.

> *Envisagerais-tu un forfait ?*

C'est cela, un forfait de temps à aménager suivant les
possibilités géographiques, l'éloignement des uns et des
autres.

> *Pourrais-tu préciser ce que tu entends par « réac-*
> *tions psychosomatiques » de l'enfant lors des*
> *visites ?*

L'émotion de voir le parent qu'il ne voit pas habituellement peut le faire vomir : c'est une réaction psycho-
somatique. C'est un langage, pour un enfant, que de
reverser le contenu de son estomac, inconsciemment
associé à « maman », pour être prêt à avaler « papa »,
c'est-à-dire un autre qui ne doit pas se brouiller en lui
avec l'autre parent. L'enfant chasse alors ce qu'il a en
lui pour qu'il n'y ait pas à l'intérieur de lui d'éclatement,

de guerre. Bien sûr, c'est un langage que l'enfant ne pourrait pas expliciter verbalement.

On cite souvent également : des maux de ventre, de tête, des montées de fièvre ou des douleurs de genoux.

« L'inconscient est structuré comme un langage » : il y a des parties de notre corps qui sont expressives, à notre insu, d'une façon spécifique.

Penses-tu que les médecins traitants, les plus sollicités pour délivrer des certificats médicaux, devraient mieux connaître les manifestations de ce type et pouvoir les expliquer à l'enfant ?

Bien sûr ! Pour le médecin, l'occasion d'avoir à faire un certificat médical, c'est la plus belle occasion de ne pas en faire et de parler avec l'enfant de ce que veulent dire ses symptômes. Ou bien de changer complètement le contenu du certificat. Le médecin peut très bien écrire en effet : « Je certifie qu'Untel me dit qu'il est très ému quand il voit son père, que cela lui vide l'estomac. C'est plus fort que lui. Il vomit, mais ce n'est pas du tout parce qu'il n'aime pas son père, c'est parce qu'il est troublé de le revoir après si longtemps. » Qu'il écrive des choses de ce genre aurait un effet formidable.

Ces symptômes psychosomatiques ne sont jamais un mauvais signe. Ils sont un langage à décrypter et à faire comprendre à l'enfant dont le corps exprime ce que la parole ne peut pas dire.

Cependant, ils sont très souvent interprétés comme un signe de refus de l'enfant de voir l'autre parent.

Le langage est toujours positif ; mais la mère peut croire que, si l'enfant est malade, c'est parce que son père est mauvais pour lui. Il est d'ailleurs probable que, si l'enfant était confié au père, il produirait les mêmes signes symptomatiques s'il ne voyait sa mère que rarement. Ce phénomène n'est pas dû à la personne de chacun mais à une situation. Il est vrai qu'il est parfois impossible à un enfant qui vit seul avec sa mère de pouvoir « avoir son père à la bonne », puisque la façon dont la mère lui fait vivre la relation à son ex-conjoint trouble tout à fait le transit et la vie végétative de cet enfant. L'enfant est perturbé si la mère lui parle de son père comme d'un homme dangereux ou indifférent parce qu'il paraissait ne pas s'occuper de lui quand il était petit. Alors que, justement, il est dans l'ordre des choses qu'un père ne s'occupe pas de son enfant bébé : ce n'est pas le rôle d'un homme. Qu'il ne s'occupe pas du bébé, qu'il ne lui parle pas, cela ne signifie nullement qu'il ne l'aime pas. Très souvent, le père a besoin que ce soit la mère qui fasse en sorte que le bébé s'intéresse à lui pour pouvoir s'intéresser à son tour à son enfant. C'est lorsque l'enfant atteint l'âge de la marche – à dix-huit mois – que les hommes normalement virils commencent à s'occuper de lui. Ceux qui s'occupent des bébés sont généralement en grande partie marqués de féminité et, pour ainsi dire, jaloux que ce soient les mères les porteuses.

Je crois qu'il serait très important pour l'avenir des enfants de parents divorcés ou séparés que, dans des lieux neutres, des médecins aident ces enfants à se comprendre dans ce dire qui n'est pas verbalisé et qui est un dire de corps.

D'autre part, selon moi, les médecins, dans leur cabinet, peuvent certifier que, *d'après ce que dit la mère*, ces réactions psychosomatiques ne se produisent chez l'enfant que lorsqu'il voit son père ; et que l'on peut donc comprendre qu'il signifie par ce trouble quelque chose qu'il ne sait pas dire. Ils peuvent même suggérer un cumul des journées à passer avec le père au lieu de visites intermittentes, l'enfant souffrant de ne voir son père que tous les quinze jours.

Je crois que les pédiatres sont de plus en plus sensibles à des situations de ce genre. S'ils font un certificat, qu'ils précisent que c'est la mère qui les a informés des circonstances dans lesquelles apparaissent les troubles de l'enfant.

C'est pourquoi je crois aux possibilités qu'offre l'hôtellerie de journée pour les enfants qui doivent attendre le parent qui les visite. Une fondation avait mis sur pied une hôtellerie de ce type, à Paris, avec salle de jeux, lieux de rencontres. Il y avait des éducateurs. C'est dans de tels lieux qu'un enfant pourrait attendre son père le jour prévu pour la visite. Et il faudrait que, ce jour-là, la mère n'ait pas le droit de garder l'enfant avec elle. Qu'il soit dit aux mères qu'elles n'ont pas à garder l'enfant le jour réservé au père. Si l'enfant ne veut pas voir son père, que ce jour-là elle le confie à un oncle, à une tante, à un parrain.

Combien de fois j'ai vu des mères qui ouvraient de grands yeux à l'idée que l'on allait leur donner la castration à elles comme à l'enfant, en disant à celui-ci : « Ta mère ne t'appartient pas. » Car, sous prétexte qu'elles sont divorcées, l'enfant est devenu le continuum gardien de la mère.

Une mère que j'avais vue prendre conscience de ce problème avait décidé de confier son enfant, le jour prévu pour la visite du père, à une amie. Le soir, l'enfant lui demandait quand elle venait le reprendre : « Qu'est-ce que tu as fait de ta journée ? » Et elle lui répondait :

« Tu n'as pas besoin de le savoir. J'ai ma liberté, je suis une femme. » Voilà une manière de procéder qui ne prête pas le flanc à cette forme de perversion des mères qui veulent détourner l'enfant de ses devoirs vis-à-vis du père.

Malheureusement, tout cela n'est contenu qu'implicitement dans la loi, laquelle ne précise pas que, le jour de visite du père, la mère ne devrait pas garder l'enfant avec elle, que le père vienne ou non rendre visite à l'enfant.

La société doit aider la mère à ne pas empêcher le père de remplir son devoir de visite. Sinon, à rester avec sa mère, l'enfant – fille ou garçon – se croit des droits sur celle-ci ; jumelé à elle, il se trouve, au fur et à mesure, de plus en plus piégé dans une vie avec une fausse bonne sœur.

Tu préconises, lorsque l'enfant risque de répondre par un dire de corps, est angoissé ou ne veut pas aller avec l'autre parent, qu'en aucun cas le parent continu ne le garde avec lui ce jour-là [18].

Il est très important que le parent qui l'héberge habituellement lui dise ce jour-là : « Je ne peux pas être aujourd'hui avec toi, puisque c'est le jour où tu te dois à ton père [ou à ta mère]. » En effet, l'enfant se doit à son père, à sa mère, à celui des deux qui ne l'héberge pas habituellement.

Le parent continu doit donc, de son côté, respecter ce temps et cet espace en n'étant pas présent à l'enfant ce jour-là – que l'enfant se refuse à voir son autre parent ou, au contraire, que ce soit celui-ci qui ne vienne pas. C'est justement si le parent ne vient pas qu'il est difficile à l'enfant de rester seul au foyer. C'est pourquoi je préconise notamment l'existence d'un lieu neutre dans chaque ville, un « club d'enfants » en quelque sorte. Suivant le nombre d'enfants attendus, il y aurait plus ou moins d'éducateurs. Les enfants viendraient y passer la journée où leur parent discontinu est censé venir les voir, surtout lorsque l'on sait qu'il ne vient jamais. Si le parent continu ne doit pas être avec l'enfant ce jour-là, c'est pour que ce dernier sente que la loi compte et qu'il a à respecter la loi, même si le parent discontinu n'observe pas son devoir de visite.

Il existe des enfants que cela rend malades, ce qui est psychosomatiquement vrai. La présence d'un médecin dans un de ces « lieux neutres » pourrait être envisagée. L'enfant pourrait y être malade et comprendre sa réaction. Si cela le fait vomir de voir son père ou sa mère, il le ferait là-bas, et une personne neutre – un infirmier, une infirmière – lui parlerait de ce que cela veut dire d'avoir « les tripes à l'envers » parce qu'on doit voir l'autre parent.

Il est très important pour un enfant d'être écouté dans sa manière de souffrir et de s'exprimer, mais cela ne doit pas être un prétexte pour que le parent continu se croie obligé d'assister l'enfant ce jour-là. Il ne s'agit pas là de libérer le parent continu, mais que l'enfant soit tenu de faire son *devoir d'enfant d'un couple.* Je crois en effet qu'un enfant a *choisi* ses parents et qu'il a des devoirs vis-à-vis d'eux comme ses parents en ont vis-à-vis de lui.

Le devoir de visite du parent à son enfant est un devoir de responsabilité. Au petit enfant, de son côté, il doit être dit aussi qu'il a *choisi* ce parent pour venir au monde. Je travaille avec des enfants de moins de trois ans dans des pouponnières. Or, lorsqu'on leur dit qu'ils ont choisi leurs parents, on voit aussitôt leur œil briller quand ils entendent cela. Ils se redressent. Tout de suite, ils se sentent eux-mêmes à leur place.

> *Donc, le devoir de visite fait appel chez le parent à sa conscience morale en quelque sorte, tandis que le devoir d'attendre un parent doit être appris à l'enfant ?*

Oui. Le petit enfant doit être instruit de ce devoir. Il faut lui dire qu'il n'a pas le droit de se faire du mal à lui-même : c'est un dire structurant pour lui. Il n'a pas le droit de faire du mal à un parent qu'il aime, parce qu'il se fait du même coup mal à lui-même. Et il suffit d'ajouter : « Quand tu seras plus grand, tu le comprendras ; je te le dis maintenant, parce que c'est vrai. »

> *Mais les parents comprennent-ils eux-mêmes qu'il est nécessaire d'expliquer cela à l'enfant ?*

Si on leur dit de dire à leur enfant : « Quand tu seras grand, tu comprendras ; en attendant, c'est à moi de te le dire », cela parle aux parents dans la partie « enfant » d'eux-mêmes qui refusait de l'entendre. Car les parents se projettent dans leur enfant : ils imaginent qu'à trois ans un enfant n'a aucun devoir. Alors qu'il a le devoir de ne pas s'empoisonner, de ne pas se mutiler, devoirs qui dépendent du tabou anal : ne pas mutiler un autre, et pas plus son propre corps que celui d'un autre. On n'a pas de droits sur son corps propre : parce qu'il fait partie d'une relation d'amour à trois et que l'on est pour les autres un objet, même si soi-même, on se « fout » de son propre corps.

Les animaux ont l'instinct de conservation. L'instinct de conservation, chez l'humain, dérive du tabou de nuire exprès à son corps, sous prétexte d'embêter le parent ou un autre. Que l'on pense à Poil de carotte. Les enfants se sentent l'objet de quelqu'un et ils se disent : « Tiens ! ben, pour t'embêter, je ne mangerai pas. » Ou : « Pour t'emmerder, je vais me jeter par la fenêtre ; je me suicide. » Combien d'adolescents se suicident pour emmerder leurs parents ! C'est qu'ils n'ont pas été marqués de la loi de ne pas se nuire à soi-même – ce que l'éducation n'enseigne plus du tout. A l'école, on ne fait rien qui ressemble à de l'éducation. L'Éducation nationale ne donne même pas la formation des devoirs vis-à-vis de soi-même. Autrefois, les instituteurs apprenaient aux enfants les devoirs de propreté : ne pas manger des œufs de vers en rongeant ses ongles sales, par exemple. On enseignait cela aux enfants et, pourtant, on n'avait aucun savoir sur les microbes. Alors qu'aujourd'hui que l'on sait qu'il y a sous les ongles des microbes, des œufs de « saloperies », on laisse les enfants se les ronger, ne pas se laver les mains. C'est curieux ! J'ai vu dans un pays d'Amérique latine – un de ces pays dont on dit qu'ils n'ont pas notre niveau de civilisation – les enfants responsables de la propreté de leurs souliers à l'école. A l'entrée de l'école, il y a du cirage et une brosse. On leur montre comment faire. Jamais on n'irait leur dire que c'est à leurs parents de cirer leurs chaussures. C'est à eux. Alors que, chez nous, c'est la mère qui le fait. A six ans, un enfant peut cirer lui-même ses souliers ; et même plus jeune. Un enfant de trois, quatre ans est tout à fait capable d'avoir les mains propres, ses souliers aussi et de se coiffer pour aller à l'école.

L'éducation, chez les humains, c'est ce qui correspond à l'instinct de conservation chez les animaux – l'éducation, elle, étant soutenue par la parole.

L'enfant perd-il ses repères si le parent discontinu
ne remplit pas ce que tu estimes être son devoir
de visite à des jours fixes et connus de lui ?

Je ne sais pas s'il est nécessaire qu'il y ait des jours
fixes, mais, en tout cas, il faut des jours préalablement
connus de lui. Que l'enfant le sache à l'avance et que
cela se passe en effet. C'est exactement comme pour les
enfants qui sont en pouponnière à l'Aide sociale à
l'enfance [19] : les parents disent qu'ils viendront dimanche,
l'enfant se prépare ; et ils ne viennent pas. On le voit
très souvent. Alors, ces enfants se délabrent au point de
vue de leur structure ; ils deviennent peu à peu psychotiques.

Les repères dans l'espace et dans le temps sont nécessaires à tous les enfants : ces repères sont ceux d'un
humain vivant. Les enfants ont des repères d'espace et
de temps qui sont associés à des relations humaines
précises et à des paroles qui respectent leur espace et
leur temps. Comme toujours, si les parents ne viennent
pas les voir comme prévu, il faut le leur expliquer en
paroles. Tout ce qui n'est pas signifié en paroles est
animal et non humanisé ; tout ce qui se dit en paroles
est humanisé.

Toutefois, le parent continu peut ne pas éprouver
l'envie d'expliquer l'absence de l'autre parent,
notamment s'il a lui-même souffert dans le passé
de voir celui-ci manquer à sa parole.

C'est en effet parfois difficile. Cependant, le parent
continu, la mère par exemple, peut dire à l'enfant : « Tu
attendais ton papa. Je ne sais pas ce qu'il s'est passé ;
il n'est pas venu. Tu as de la peine, tu es peut-être en

colère. Ton papa ne se rend pas compte que ses visites sont importantes pour toi. Si tu veux lui écrire ou lui envoyer un dessin, il comprendra peut-être que tu as besoin de le voir. »

Bien sûr, rares sont les parents qui sont capables de dire cela à l'enfant.

La disparition précoce du parent discontinu corps et biens – l'enfant étant souvent très attaché à des objets qui sont spécifiques à l'un des parents et la notion du temps étant chez lui tout à fait différente de ce qu'elle est chez l'adulte – ne rend-elle pas les relations difficiles entre l'enfant petit et le parent discontinu ?

Une enquête récente révèle, d'autre part, que les pères qui n'ont pas élevé leurs enfants jusqu'à ce qu'ils aient au moins cinq ans les voient beaucoup moins que les pères qui ont divorcé, leurs enfants ayant atteint cinq ans [20].

Ces situations sont normalement déstructurantes pour un enfant petit, car les étapes de son développement affectif coïncident avec des bouleversements affectifs qui atteignent sa mère ou son père, ou les deux, à un moment où ils auraient dû assurer sa sécurité.

Par ailleurs, de même que l'enfant « crée la mère », assez souvent, c'est lui également qui suscite la fonction paternante ; comme je l'ai dit, il faut du temps à certains pères pour devenir pères : il faut que leur enfant les aime, les sollicite, afin qu'ils l'aiment à leur tour. Si cette relation a été prématurément interrompue par une séparation ou un divorce, il est possible que le père ne puisse assumer facilement sa fonction paternante ensuite.

Le rythme des visites est également difficile à aménager. En effet, si les visites du parent discontinu au petit enfant chez le parent continu étaient plus fréquentes, il pourrait en résulter une sorte d'ambiguïté, comme si les parents vivaient ensemble, alors que c'est faux. Et les parents n'ont plus la même complicité à se rencontrer que lorsqu'ils s'aimaient.

Une autre solution serait que le parent discontinu aille voir l'enfant à la crèche ou chez la nourrice. Mais, là encore, l'ambiguïté peut surgir, surtout si la nourrice est un membre de la famille.

Il y a aussi le téléphone ; mais les parents, souvent, ne savent pas qu'un bébé reconnaît la voix et la parole.

Même tout bébé, à quelques jours, un enfant « a l'entendement des paroles [21] ». Il perçoit un lien entre la voix, les paroles et la personne tutélaire. Il jase, sourit ou pleure lorsque l'on porte l'écouteur à son oreille.

Dès qu'il marche, il a envie ou il refuse d'aller répondre au téléphone selon qu'il a envie ou non d'entendre son père. Il peut aussi tenter de l'appeler, comme ce petit garçon de dix-huit mois dont l'histoire me revient. Son père partait régulièrement pour son travail en province quelques jours. Or, une fois, l'enfant s'est levé en pleine nuit, est monté sur une chaise pour grimper sur le meuble où il y avait le téléphone. Il a décroché et répété plusieurs fois : « Aïo, aïo, papa. »

Cela me fait penser à un appel que j'ai reçu à mon domicile. C'était une voix très jeune. J'ai compris que l'enfant était seule chez elle et était un peu inquiète. Elle avait appuyé seule sur les touches du téléphone et avait formé mon numéro. Nous avons parlé jusqu'à ce que sa mère revienne. Celle-ci était très étonnée. Croyant sa fille endormie, elle était partie faire des courses. Cette petite qui m'a appelée avait trois ans et demi.

appels
courriers
objets

En cas de divorce ou de séparation, il faudrait que le parent continu – donc, le plus souvent, la mère, lorsqu'il s'agit d'enfants de moins de cinq ans – puisse supporter ces communications téléphoniques entre l'enfant et l'autre parent, quel que soit l'âge de l'enfant d'ailleurs. Si la mère ne tolère pas ces coups de téléphone, l'enfant est dans une déchirure. C'est pourquoi il faudrait que la mère et le père puissent s'entendre sur leur valeur pour l'enfant et sur leur fréquence. La régularité est plus importante que la fréquence. Si les parents arrivent à s'accorder sur un jour et une heure, l'enfant peut alors être prévenu : « Ton moment au téléphone avec ton papa, c'est tel jour et à telle heure. » Il est alors nécessaire que le père respecte sa parole et qu'il téléphone effectivement. Sinon, l'enfant est en attente de quelque chose qui ne vient pas, et rien n'est plus terrible pour un enfant qu'une promesse qui n'est pas tenue.

Quel que soit l'âge de l'enfant, le courrier est également un moyen de communication. Là aussi, cela suppose que le parent continu lise la lettre ou la carte de l'autre parent et tolère que l'enfant la fixe, par exemple, à la tête de son lit et qu'il puisse y répondre par un dessin dès qu'il est en âge de le faire. C'est une façon de rester en relation.

Il y a aussi des objets transitionnels auxquels l'enfant peut être très attaché. Certains peuvent lui avoir été offerts par son père. Ils peuvent lui permettre une tolérance plus grande à la séparation.

Dans ta pratique, lorsqu'un enfant de parents divorcés ou séparés était amené en vue d'une psychothérapie, prenais-tu contact par écrit ou verbalement avec le père, même si l'ami de la mère accompagnait l'enfant ?

Il est impossible de soigner un enfant s'il pense que l'on ignore les volontés de ceux qui sont responsables de sa vie. Si, par exemple, le père me disait : « Cela m'est égal qu'il fasse une psychothérapie, l'important, c'est que je n'aie rien à payer », le travail était alors à faire avec l'enfant lui-même, mais donc après avoir pris contact avec ses géniteurs.

*
* *

Quelle est l'incidence sur la structuration de l'enfant du paiement ou du non-paiement de la pension alimentaire ?

Très souvent, le parent qui a le devoir de visite ne paie pas ou paie une somme dérisoire à l'autre parent, que celui-ci soit le père ou la mère. Et, pourtant, il a toujours le droit de voir son enfant, même s'il ne paie rien. Il y a là quelque chose de très étrange pour l'enfant, parce qu'il sait que ce parent vient le voir alors qu'il est incapable d'être responsable de lui. Or personne ne lui explique si cette incapacité d'être responsable est volontaire ou non.

On ne lui explique pas non plus que cette incapacité n'est pas forcément liée au manque d'intérêt que ce parent – généralement son père – porte à son évolution : car ce parent peut souffrir de ne pas être capable de payer la pension alimentaire, par exemple lorsque c'est un chômeur. Il serait d'ailleurs souhaitable que le parent qui ne veut pas payer, ou qui s'arrange pour ne pas payer, ne puisse pas voir comme il le voudrait et n'importe où l'enfant, mais qu'il le voie dans un cadre particulier où il n'aurait pas à dépenser d'argent, par exemple dans un lieu prévu dans chaque ville pour les rencontres entre les parents et les enfants, dans les cas litigieux. Il n'est nullement indifférent pour un enfant que son père ne paie pas de pension pour lui. C'est pourquoi, selon moi, c'est dans un « lieu neutre », et non pas dans un endroit de son choix, que le père qui ne paie pas pour son enfant devrait voir celui-ci. Regarde ces hommes qui n'ont pas de chez-soi, qui vivent chez une autre femme ou chez un ami ; que font-ils ? Ils voient leurs enfants dans les cafés au lieu de les voir dans un lieu où il y aurait occasion de parler – des jeux, la télévision –, où quelque chose leur permettrait d'avoir un contact qui ne serait pas démobilisant pour l'exemple de la responsabilité qu'un père doit donner à son enfant.

C'est pourquoi j'accorde beaucoup d'importance à l'idée de ces lieux neutres, qui, selon moi, auraient véritablement une fonction préventive des troubles consécutifs au divorce chez les enfants. Il faudrait qu'il en soit créé dans les villes de France. Des lieux pour les enfants dont la mère dit : « Il ne peut pas voir son père, ça le rend malade. »

D'autre part, comme il est beaucoup moins douloureux pour un enfant de voir la personne qui n'en a pas la garde pendant toute une période suivie plutôt qu'épisodiquement (une fois seulement tous les quinze jours), je crois, comme je l'ai déjà dit, qu'il serait nécessaire d'envisager de cumuler ces jours de visite en une période continue à passer avec le parent avec lequel il ne vit pas ; donc, par exemple, que l'enfant vive avec lui deux mois de suite pour rattraper le temps où il ne l'a pas vu dans l'année. C'est certainement beaucoup moins traumatisant pour un enfant que de voir une personne qu'il aime bien une fois de temps en temps seulement. Peut-être est-il vrai que cela rend malade un enfant de ne voir l'un de ses parents que vingt-quatre heures ? Il se prive, et ça le fait vomir.

Pourquoi, au contraire, ne passerait-il pas une période de temps continu avec ce parent ? un tiers du temps, puisque, après tout, l'enfant est en tiers dans le désir de naître, et chacun des parents en tiers dans le désir à sa conception.

En ce qui concerne la responsabilité des pères, ceux qui ne peuvent pas payer de pension alimentaire et qui dépensent tout de même de l'argent le jour de visite ne sont pas des exemples pour le développement d'un enfant ; ils ne sont pas des modèles à devenir adultes. Ils se comportent, eux aussi, comme des enfants qui ont un peu d'argent de poche pour s'amuser avec leurs enfants. Ce ne sont pas des adultes responsables.

J'ai vu du grabuge se produire dans des familles où le père ne pouvait pas ou s'arrangeait pour ne pas pouvoir donner de l'argent ; il était suspendu au besoin de voir ses enfants sans être pourtant capable de gagner de l'argent pour eux. C'est quelque chose qui bouleverse pour l'avenir le sentiment de responsabilité de l'enfant, obligé en grandissant d'avoir pitié de ce pauvre homme et de se sentir coupable de lui avoir donné en naissant la charge de sa vie. Et, pourtant, cette compassion est le sentiment le plus sain : car, s'il n'en avait pas pitié, se développerait en lui une admiration pour celui qui vit aux crochets de l'autre. C'est, en tout cas, un problème difficile pour l'enfant. J'ai souvent entendu des personnes qualifiées affirmer que le parent qui ne pouvait pas payer avait autant le « droit » de voir ses enfants que celui qui payait, et qu'il s'agissait d'un « droit qui lui était donné ». Je me demandais ce que l'enfant pouvait ressentir quand il entendait l'un des deux parents lui dire en parlant de l'autre : « Mais il [elle] n'est même pas capable de m'aider à t'élever en payant la moitié des frais qui sont nécessaires à ton entretien et à ton éducation, jusqu'au moment où tu gagneras toi-même ta vie. »

Si, comme il arrive assez souvent, le père (la mère) ne souffre pas de ne rien donner pour l'enfant, ou se débrouille pour, soi-disant, ne pas avoir d'argent et ne pas en donner, bien qu'il (elle) en ait, se développe chez l'enfant une mésestime du sentiment de la responsabilité.

Nous devons élever, éduquer nos enfants avec le sentiment de leur responsabilité, qui est tout à fait différent du sentiment de culpabilité. C'est même plutôt le contraire : moins il y a de sentiment de culpabilité, plus il y a celui de la responsabilité chez les êtres humains.

Quelque chose se trouve faussé quand, par exemple, un père qui n'est pas capable de donner l'argent nécessaire pour éduquer son enfant se cramponne pourtant au désir de le voir, soit par besoin quasi maternel, soit au nom du prétendu « exercice de son autorité », alors qu'il ne témoigne d'aucun désir d'homme responsable, d'aucun désir ayant valeur d'exemple pour un jeune en cours de développement.

J'ai vu des enfants à l'hôpital, amenés par leur mère, qui avaient vraiment besoin d'une aide psychologique pour passer le cap des moments difficiles. Je demandais toujours à voir le père. Lorsque j'arrivais à le rencontrer, c'était souvent un homme qui déclarait : « A condition que je n'aie rien à payer, tout ce que sa mère fait pour lui m'est égal. – Constatez-vous qu'il est en mauvaise posture ? – Je ne vois rien du tout. On n'a pas besoin de réussir ses études pour faire quelque chose dans la vie », répondait-il par exemple. C'était donc quelqu'un qui était déjà sur le chemin de la déréliction de lui-même et qui, sans en être conscient, voulait entraîner son enfant dans un suicide lent par rapport à la société. C'était cela dont souffrait vraiment l'enfant ; et, jusque-là, on n'avait pas pu le voir. Ce n'est que dans le cabinet du psychanalyste qu'il apparaissait nettement que le devenir de l'enfant était indifférent à son père. Bien sûr, il s'agissait d'un homme dont le père ne s'était pas occupé et qui avait fait pire : qui avait vraiment méprisé la semence de vie qu'il avait donnée à la femme qui avait élevé cet enfant, devenu père à son tour. Ce dernier, qui aurait pu, dans d'autres conditions, se comporter autrement, répétait dans sa vie ce que son père avait fait, trait typique des « névroses familiales [22] ». Le comportement d'un homme est exemplaire pour son fils jusqu'à la puberté ; mais, à cet âge, beaucoup d'êtres humains s'identifient encore tellement à leurs parents, ou à l'un des deux, qu'ils se sentent coupables de les juger, alors que ce serait leur devoir de comprendre les infirmités majeures physiques et morales de leurs géniteurs sans plus s'identifier à eux – ce que ne peut pas faire le petit enfant.

Un père (une mère) jugé(e) et condamné(e) pour « abandon de famille » perd l'exercice de son « devoir de visite », tant qu'il (elle) n'a pas recommencé à assumer ses obligations alimentaires pendant six mois.

Au lieu de dire « incapacité de payer », on dit « abandon de famille », alors qu'il ne s'agit pas forcément de l'abandon moral, mais de l'abandon matériel, d'irresponsabilité matérielle.

Ou de l'impossibilité matérielle...

...qui rend irresponsable. Mais cette irresponsabilité-là n'est qu'un défaut de fait ; la reconnaître n'est pas porter un jugement péjoratif. Cette incapacité devient de l'irresponsabilité si elle n'est pas nommée. Au contraire, si elle est nommée : « Il [elle] est incapable actuellement d'être responsable, mais il [elle] voudrait bien le redevenir », c'est que l'on n'a pas affaire à quelqu'un qui déclare : « Je n'ai rien à voir avec cet enfant. Je ne veux pas l'élever. Ce qu'il devient m'est complètement égal. » Il existe, il est vrai, des pères, des mères, comme ceux-là ; il vaut mieux qu'ils puissent le dire franchement. Dans le cabinet du psychanalyste, ils parlent franchement. Ils ne le font pas ailleurs, ce qui est dommageable pour leurs enfants.

Des parents vont en prison soit pour « abandon de famille », soit pour « non-présentation d'enfant ». Penses-tu qu'il est souhaitable alors pour l'enfant d'aller voir son père ou sa mère en prison ?

Un enfant peut tout à fait conserver de l'estime pour l'un de ses géniteurs en allant le voir en prison, à condition qu'on lui explique que celui-ci est tombé sous le coup de la loi parce qu'il ne l'observait pas, bien qu'il la connût ; ou bien qu'il ne la connaissait pas parce que son propre père à lui (ou sa propre mère) ne l'avait pas véritablement élevé, quelles qu'en soient les raisons : ce peut être, par exemple, que son père n'avait pas de père connu ou de mère connue, ou que les parents de ce père avaient été tués ; ou encore : qu'un événement réel a pesé sur la structuration de ce géniteur, ce qui n'empêche pas que ce soit un père qui l'aime et que lui aussi aime. Donc, qu'il peut, lui, aller voir ce parent en prison, d'où il sortira un jour.

Quel que soit l'acte commis dans la réalité par un adulte responsable d'un enfant – que ce soit son père ou sa mère –, cet enfant a en lui un trésor de pardon, à condition qu'on lui donne les moyens d'admirer son géniteur non pas dans sa faute, mais dans l'être qui en lui souffre. Très souvent même, il n'y a aucune faute, l'acte étant la résultante de faits et non d'une volonté délibérée. De toute façon, personne ne peut jamais être identifié à l'acte qu'il a commis, que ce soit un acte valeureux ou un acte délinquant.

*
* *

Comment un enfant, nourrisson ou adolescent, peut-il réagir à la garde alternée qui le confie également à chacun de ses parents : trois jours chez l'un, trois jours chez l'autre ; un mois chez l'un, un mois chez l'autre ; voire une année ?

Je participais récemment à une réunion où se trouvait un médecin d'abord partisan de la garde alternée. Or ce que nous avons dit, moi pour les petits, lui pour les plus grands, se rejoignait tout à fait. Lui, qui au début militait pour la garde alternée, est devenu militant contre la garde alternée. Il est maintenant favorable à la suppression totale de cette garde alternée, au moins jusqu'à douze ans, tant il a vu d'incidents graves, de tentatives de suicide. C'est d'ailleurs pour ces raisons que Mme Pelletier avait constitué la Commission sur la garde

69

des enfants du divorce : c'est l'augmentation du nombre
des tentatives de suicide d'enfants à partir de sept ans
qui a été le motif majeur de ce travail.

*Quels sont les inconvénients de la garde alternée
pour les enfants ?*

Lorsqu'il est petit, un enfant ne peut pas supporter la
garde alternée sans rester flou dans sa structure, jusqu'à,
éventuellement, se dissocier au gré de la sensibilité de
chacun.

La réaction la plus commune, c'est le développement
de la passivité dans le caractère de l'enfant. Il perd le
goût de l'initiative, tant au point de vue scolaire qu'au
point de vue du jeu, et il entre dans des états de rêverie
qui n'aboutissent pas à une créativité – car il y a des
rêveries fécondes, mais, là, ce n'est pas une rêverie féconde.

Jusqu'à douze ou treize ans, la garde alternée est donc
très néfaste pour les enfants. Qu'ils puissent se rendre
aussi souvent qu'ils le veulent chez l'autre parent, quand
c'est possible, j'en suis d'accord, mais qu'ils n'aient pas
à changer d'école du fait d'une réglementation de garde
alternée. Le social a une très grande importance pour le
développement de l'enfant. C'est pourquoi la garde alternée est nuisible quand l'enfant a deux écoles, par
exemple : une école lorsqu'il vit chez sa mère et une
autre lorsqu'il est chez son père. C'est très mauvais parce
que, alors, il n'y a ni continuum affectif, ni continuum
spatial, ni continuum social. J'ai même vu des cas dans
lesquels l'enfant passait la moitié de la semaine au nord
de Paris, l'autre moitié au sud de Paris ; les parents se
partageaient ainsi leur « joujou-enfant » dans la semaine.
A la réunion dont je parlais précédemment, tous les
participants connaissaient des exemples autour d'eux de

ces drames produits par la garde alternée ; et, dans la majorité des cas, chez des enfants avant onze, douze ans. Les gardes alternées sont interdites maintenant [23] ; on donne des gardes conjointes.

Certains pensent que l'effet d'une garde alternée est différent pour un enfant de douze, treize ans, surtout s'il s'agit d'une alternance d'un an.

L'effet est différent de ce qu'il peut être pour des enfants de huit ou neuf ans ; mais, tout de même, on « plaque » toutes ses relations quand on va un an en Espagne, puis un an en Angleterre vivre avec l'un puis avec l'autre.

D'autre part, les parents qui se séparent peuvent avoir des principes éducatifs très différents.

Pour un jeune de douze ou treize ans, cela pose beaucoup moins de problèmes. C'est l'âge où chacun devrait pouvoir se prendre en charge et assumer ses parents, leur donner son indulgence. Dans certains cas, un enfant de huit ou neuf ans peut avoir une maturité suffisante. Toute situation est à apprécier, et l'on ne peut généraliser. Lors de cette réunion, j'ai dit que, dans beaucoup de cas, on ne voyait pas pourquoi le juge « s'en mêlait », étant donné que cela ne changerait rien et que les parents allaient se disputer encore plus, mais, cette fois, avec la caution de la loi entre eux, ce qui serait pire pour l'enfant.

Quand la loi décide quelque chose qui brise l'enfant, c'est encore plus terrible pour lui du fait que c'est par la loi. Étant donné que le jugement est rendu par un juge, les jours où l'on voit le père et la mère sont fixés, et c'est fort dommage, car les affinités, le désir de se voir entre enfants et parents ne peuvent pas obéir à des jours fixés de cette manière. S'ils vivent loin les uns des autres, dans des villes différentes, l'enfant comprend très bien cette mesure ; mais, lorsqu'ils vivent dans la même ville, les relations d'affectivité se trouvent déshumanisées d'être réglées par les jours de la semaine et non par les affinités des uns et des autres. Je trouve que toutes les réglementations sont mauvaises pour ce qui est vivant, affectif entre les parents et l'enfant. D'ailleurs, à cette même réunion, j'ai proposé que, dans de nombreux cas, les juges disent : « Ce n'est pas à moi de décider pour vos enfants. Quand vos enfants seront plus grands, vous ferez ce que vous pourrez. »

En y réfléchissant maintenant, je me dis qu'il est tout à fait inutile de proposer aux parents : « Faites comme vous pourrez », puisque, de toute façon, ils vont faire ce qu'ils peuvent supporter de faire, compte tenu des contacts qu'ils ont eus pour ventiler leurs divers affects contradictoires.

4

La relation aux nouveaux partenaires des parents

Pour que l'enfant continue à se construire lorsque l'un de ses parents divorcés vit avec une autre personne, est-il nécessaire que le nouveau partenaire soit ressenti comme gentil par l'enfant ?

La situation varie selon chaque enfant et selon le partenaire. Qu'il le ressente agréablement ou désagréablement, cela n'a pas d'importance pour l'inconscient. Pour l'inconscient de l'enfant, ce qui est nécessaire, c'est qu'il y ait un adulte qui l'empêche d'avoir une intimité totale avec son parent. Ce nouveau partenaire lui permet de vivre l'Œdipe, s'il ne l'a pas vécu entre ses deux géniteurs, séparés trop tôt, ou d'en revivre une nouvelle variante avec ses conflits affectifs bien connus d'amour-haine concernant contradictoirement et différemment ces deux adultes, à la fois modèles et rivaux pour lui [24].

Quels sont les principaux écueils dans la relation du beau-père ou de la belle-mère avec l'enfant ?

A mon avis, les écueils ne sont pas du côté de l'enfant, les difficultés peuvent venir de la mère de l'enfant – jalouse, par exemple, de la fécondité du second mariage de son ex-mari et de l'affection de son enfant pour la rivale gagnante. Cela peut se passer même si la mère s'est remariée et qu'elle a à nouveau des enfants.

Je pense à un cas qui me paraît bien illustrer ce que tu viens de dire. Il s'agit d'un petit garçon de quatre ans dont les parents s'étaient séparés en restant apparemment en excellents termes. Il vivait avec sa mère. Son père s'était remarié. A la naissance du premier enfant de ce nouveau couple, la mère de ce petit garçon a brusquement et sans aucune explication refusé de le remettre à son père pour les week-ends. Il s'est mis alors à souffrir à la fois d'otites à répétition [25] et d'une sorte de faiblesse des jambes, comme s'il avait perdu un appui.

Un autre écueil peut venir du changement d'attitude du père d'un enfant quand il devient père d'un enfant de sa nouvelle femme. L'enfant du premier mariage peut lui rappeler quelque chose de l'atmosphère douloureuse des années qui l'ont obligé à rompre. En retour, il sera lui-même ressenti soudain comme très exigeant – souvent à juste titre – par l'enfant.

Les difficultés ne viennent pas de l'enfant lui-même dans ces situations. Il peut être aidé à les dépasser lorsqu'il rencontre des personnes assez psychologues pour lui faire comprendre les difficultés qu'une nouvelle naissance (d'un demi-frère ou d'une demi-sœur) ont pu provoquer chez les deux parents.

Lorsque, sans se remarier, un père ou une mère reprend une vie de couple avec un nouveau parte-

*naire, quels peuvent être les effets de la présence
de ce dernier sur l'enfant ?*

Il s'agit d'une situation triangulaire qui n'est pas légalisée. De toute façon, l'enfant a besoin que plusieurs
adultes de sexes différents s'occupent de lui à partir de
deux ans et demi, trois ans. Même tout bébé, il est
heureux de voir plusieurs images d'hommes et plusieurs
images de femmes.

Il vaut mieux qu'un enfant dise : « Moi, j'ai trois
papas » plutôt que : « Ma maman vit toute seule, moi je
n'ai pas de papa. » A condition qu'il sache pour luimême qu'il a un père, qu'il ne connaît peut-être pas et
qui est unique, il faut lui donner cette liberté de parole
de dire : « J'ai trois papas. » Ce sera une autodéfense
par rapport à la curiosité de ses camarades. De toute
façon, sa mère doit lui dire : « Tu as un père comme
tout le monde, même si tu ne le connais pas. » Mais
qu'il appelle trois personnes « papa », c'est mieux que de
n'avoir ni « papa » ni père de naissance, connu ou inconnu.
Un papa n'est pas forcément le père, géniteur, le père
légal ou adoptif. On peut également avoir plusieurs
mamans, mais on n'a jamais qu'une mère de naissance,
connue ou inconnue [26].

*Tu viens de dire qu'un papa n'est pas forcément
un père naturel, légal ou adoptif. Cela me rappelle
une histoire rapportée par la presse [27]. Une petite
fille appelle le nouveau partenaire de sa mère
« papa ». Son père attend qu'elle ait sept ans pour
lui expliquer qu'il est le père et qu'elle doit donc
l'appeler « papa ». Sitôt de retour chez sa mère,
et en présence de son père, elle appelle l'ami de*

*sa mère : « mon papa chéri ». C'est la dernière
fois qu'elle reverra son père, qui ne reviendra plus.*

Elle appelle « papa » l'ami de sa mère ; pourquoi pas ?
Quel père fragile que celui qui pense que la loi est faite
par sa fille et qui conclut que son enfant lui retire le
droit d'être son père alors qu'elle n'a parlé que de papa !
Cela prouve que ce que dit sa fille est sa vérité : ce père
ne s'est pas comporté comme un père.

* *
*

*« Moi et ma sœur, on ne veut pas que tu te
remaries », disent certains enfants à leur mère.*

Celle-ci ne peut que répondre : « Je ne me marie pas
pour vous faire plaisir ou pour vous ennuyer. Je me
marie parce que cela m'est nécessaire. J'aime quelqu'un
et je veux fixer ma vie avec lui. C'est bien ennuyeux si
cela ne vous fait pas plaisir, mais vous n'êtes pas forcés
de vivre avec nous. »

*Si la mère obéit à ses enfants, quelles peuvent en
être les conséquences ?*

Les enfants qui parlent ainsi restent souvent bébés longtemps, parce que leur mère leur a obéi comme à des
porte-parole d'une loi enfantine, qui serait dans le cœur
de chaque femme : aimer un seul homme (croyance qui
vient peut-être du fait que chacun de nous n'a qu'un
père et qu'une mère, bien qu'il puisse avoir beaucoup
de papas et de mamans). Dans le premier exemple,
c'était la fille qui faisait la loi au père ; dans celui-ci,
c'est la fille qui fait la loi à la mère.

Ce qui est terrible pour ces enfants, c'est que souvent, quelques années plus tard, leur mère leur dit : « C'est pour vous que je me suis sacrifiée et que je ne me suis pas remariée. » Leur vie se trouve figée comme par une embolie due à la culpabilité : la circulation des affects, le courant libidinal, est empêché. Ils ont, en fait, leur mère à charge le restant de leur vie, même s'ils arrivent à évoluer et à se marier.

A l'inverse, certains enfants demandent à leur mère, à leur père de se remarier : « Pourquoi ne te maries-tu pas avec mon maître ? » demandait un petit garçon de six ans à sa mère. Une petite fille de quatre ans et demi, dont la mère était partie du foyer, disait à sa maîtresse : « Tu viens passer le week-end avec mon papa ? »

Ce sont des enfants qui voudraient être libérés de la violence de leurs pulsions incestueuses vis-à-vis du parent avec lequel ils vivent, et cela parce que ce parent semble ne pas avoir besoin d'adultes et se replie sur l'enfant ; plus souvent, parce que l'adulte vit à nouveau chez son propre père ou sa propre mère – chez la grand-mère paternelle, si c'est le père ; chez la grand-mère maternelle, si c'est la mère. Cette régression du père ou de la mère à l'état d'enfant à leurs yeux bloque leur évolution [28].

Il arrive que le parent continu ait une liaison à l'extérieur et qu'il ne le dise pas à l'enfant. C'est dommage, car, pour pouvoir se développer, l'enfant a besoin de mots qui l'assurent justement que l'adulte a bien une relation privilégiée avec un autre adulte.

Il existe des mères qui octroient un large devoir de visite à leur ex-époux pour recevoir leur amant en l'absence de leurs enfants.

C'est heureux, mais elles ne le disent pas toujours aux enfants. Le mot à leur dire, c'est : « fiancé ». La mère peut avoir beaucoup de « fiancés » ; l'enfant, lui, a besoin d'avoir un mot. Elle doit lui expliquer que ce mot signifie : « Peut-être on se mariera. En attendant, je ne sais pas. On s'aime, moi et un monsieur [" moi et une dame ", si c'est son père qui parle d'une " fiancée "]. Si cela devient sérieux, tu le connaîtras. » Les enfants ont besoin de disposer des termes classiques. « Fiancé », c'est autre chose qu'« ami ». Pour un enfant, c'est un mot qui signifie une promesse de mariage. « Ami », pour lui, c'est « copain », terme qui n'intègre pas la dimension sexuelle, alors que c'est le contraire pour un adulte. Quand une femme dit : « J'ai un ami », les gens croient que c'est un amant.

Pour en revenir à l'enfant qui demande à sa mère d'épouser son maître, il existe des mères qui épousent le « pion » de leur fils à cause de cette demande justement. « Puisqu'il l'aime bien, disent-elles, pourquoi pas ? » C'est idiot !

Est-il utile que le beau-père (la belle-mère) rappelle à l'enfant qu'il (elle) n'est pas son père (sa mère) ?

Il faut tenir compte du contexte dans lequel l'enfant a vécu avec ses parents, notamment si ceux-ci continuent d'avoir des difficultés de relations importantes. Dans certains cas, il pourrait être nécessaire que le beau-père (la belle-mère) puisse dire : « Moi, je n'ai rien contre ton père [ta mère] » ; et : « Je ne t'en veux pas du tout d'être son fils [sa fille] et même de lui ressembler. » On peut toujours dire à l'enfant : « Tu n'as qu'un père, celui qui t'a conçu, mais je veux bien être ton papa » ; « Tu n'as qu'une mère, celle qui t'a conçu, mais je veux bien être ta maman. »

Les situations difficiles avec le beau-père ou la belle-mère proviennent très souvent du parent avec lequel l'enfant vit, le plus souvent la mère, quelquefois le père. On dirait que le parent chez lequel vit l'enfant n'accepte pas bien les droits que s'arroge son nouveau conjoint d'avoir un rôle éducatif vis-à-vis de l'enfant du premier lit. Cette ambivalence, l'enfant la sent. Lorsqu'il refuse un dire limitatif de liberté venant du beau-père ou des paroles critiques de la part de la belle-mère, il sent que son parent marque un point. Si le parent de naissance n'est pas ambivalent et, par exemple, quitte la pièce pour laisser son nouveau conjoint tranquille avec l'enfant, les choses peuvent s'arranger très rapidement. De même, si l'enfant se plaint à son père : « Oui, je sais bien qu'elle ne peut pas me voir » – ou bien à sa mère : « Ton jules ne peut pas me voir » –, le parent de naissance peut répondre : « Si tu dois faire des histoires, je ne pourrai pas te garder, tu t'en iras. – Oui, mais mon père [ma mère] ne veut pas de moi. – Il n'y a pas que le père ou la mère, il existe des solutions à l'extérieur. » Et l'on s'aperçoit alors que ces tensions sont une tentative de régression à une relation où l'enfant essaie encore de dominer le parent de sang avec lequel il vit.

Le statut de l'enfant vis-à-vis du nouveau conjoint peut ne pas être clair, ne pas lui avoir été articulé logiquement et avec affection par le parent continu. Il se produit alors une sorte de flottement chez l'enfant si le père ne lui a pas dit, par exemple, en parlant de sa nouvelle femme : « C'est ta belle-mère, c'est elle qui a pris la responsabilité de t'élever. Quand tu es chez moi, j'estime que ta belle-mère a quelque chose à dire puisqu'elle est chez elle. » La belle-mère devient crédible pour l'enfant parce que le père lui donne son appui symbolique. On voit tout le temps des mères dire à leur nouveau conjoint : « Ce n'est pas ton fils, alors fous-lui la paix. » Le beau-père n'est pas crédible parce que la mère ne le rend pas crédible.

Il arrive cependant que l'enfant, peut-être à juste titre, supporte mal le nouveau partenaire, qu'il ressent comme lui étant hostile.

S'il est conscient de cette hostilité et qu'il peut la dire, il serait bon que la mère, si c'est d'elle qu'il s'agit, lui dise : « Tu es trop malheureux depuis que je vis avec Untel. Tu pourrais peut-être en parler avec ton père. Si tu veux vivre avec lui, tu seras obligé de quitter ton école, tes copains. S'il accepte, et si sa nouvelle femme accepte, nous devrons faire une demande de modification auprès du juge aux affaires matrimoniales. Si ton père refuse et si cela ne va pas mieux pour toi, on tâchera de se débrouiller pour te trouver une bonne pension. » Si la mère n'ose pas parler à son enfant, une personne latérale peut le faire, le médecin de famille par exemple.

Certaines femmes entretiennent exclusivement des amitiés avec d'autres femmes, parfois régulièrement avec la même ; de même, certains hommes avec d'autres hommes ou avec un seul. Quelles peuvent être les répercussions de cette situation sur l'enfant ?

Les enfants savent qu'un couple de femmes ou un couple d'hommes ne peut pas donner d'enfants. C'est donc un choix, et il faut qu'il soit clair que c'est un choix de la mère ou du père, selon le cas ; que la mère ou le père le dise et ne s'en cache pas, afin que l'enfant ait une explication logique.

Aujourd'hui, il n'est pas nécessaire d'être homo-sexuel pour ne pas avoir d'enfants. Il suffit de prendre la pilule.

En effet. Mais les femmes qui prennent la pilule risquent d'apparaître à leurs enfants comme ayant un pouvoir mutilant ou destructeur si le sens de la contraception ne leur est pas clairement expliqué [29].

Quand elles disent : « Je ne veux pas risquer d'avoir d'autres enfants, et c'est pour cela que je prends la pilule », c'est déjà différent.

Il est certain que le fait d'être élevé par un adulte homosexuel apparaît comme régressif aux yeux de l'enfant, comparé à ce que cet adulte était auparavant, puisqu'il a eu cet enfant.

La multiplication des séparations légales, des remariages successifs et des changements de par-tenaires qu'ils impliquent permet aux enfants, disent certains, de vivre là où ils se plaisent et de choisir, hors des contraintes traditionnelles, les « parents », les « frères », les « sœurs » qui leur plaisent.

Je ne suis pas d'accord pour que l'on parle de choix : il s'agit de critères d'agrément ou de désagrément conscients. Quand des parents se séparent, les difficultés que rencontre l'enfant dans son développement sont d'ordre inconscient ; les effets ne se voient pas dans l'immédiat, mais des années plus tard. C'est la dyna-mique de l'inconscient.

5

La relation à ses deux lignées, voire à ses deux ethnies

Tu as souvent souligné qu'il est important que l'enfant entretienne des relations personnelles avec les familles de ses deux lignées parentales.

L'enfant a besoin de savoir qu'il appartient aux familles de ses deux lignées parentales. Les deux parents n'ont de valeur que s'ils représentent les deux lignées génétiques, parfois ethniques, ou, en l'absence de leurs ascendants, s'ils sont estimés par leurs amis sociaux, ou leurs groupes ethniques différents, si c'est le cas. Les deux lignées, les groupes ethniques et ceux des amis sociaux intègrent l'enfant et ses parents dans leur histoire, leur langue et leur culture.

S'il appartient à deux ethnies différentes, il est lié à ces deux ethnies, tout comme il l'est à ses parents. Et, du fait qu'il vit avec ses parents loin d'une de ses deux ethnies, celle dans laquelle il ne vit pas apparaît comme excentrée par rapport aux valeurs de la société dans laquelle il est. Or il faut respecter les potentialités de développement des deux ethnies que cet être humain a choisies pour s'incarner. Il faut prendre acte de ce qu'il s'est incarné de la rencontre de parents de cultures très éloignées l'une de l'autre. Le métissage est une très grande richesse à condition qu'il soit admis et cultivé ; il faut soutenir l'enfant métis dans ses potentialités au lieu de le rendre hémiplégique en n'acceptant et en ne développant en lui qu'un seul côté de sa généalogie.

Il existe des familles d'immigrés qui parlent leur langue d'origine dans leur foyer et d'autres dans lesquelles l'un des deux parents a été éduqué dans la langue et la culture françaises.

Ce qui manque complètement lorsque, au foyer, l'enfant n'entend qu'une langue étrangère et qu'il est instruit dans la langue française à l'école, c'est l'insertion dans l'histoire, la langue et la culture de ses parents. C'est tout à fait dommage, car il serait capable de prendre en charge la richesse de la langue française s'il avait la possibilité d'apprendre la richesse de sa langue d'origine avec son folklore, avant d'apprendre les règles de la grammaire française. Certaines écoles ont pallié ce défaut, mais elles ne sont pas encore assez nombreuses.

Pour les enfants issus de mariages « mixtes » et qui appartiennent donc à deux ethnies – parfois très différentes –, les modes d'existence et les moyens d'expression pourraient être valorisés par des personnes appartenant à l'ethnie éloignée. Celles-ci continueraient à leur rendre présent par des mots le continuum ethno-social qu'ils vivent soit avec un de leurs parents (donc, dans une lignée ethnique et génétique à la fois), soit avec le groupe ethnique et les amis sociaux. En même temps, ces enfants vivraient un autre continuum socio-ethnique avec le parent français et dans l'école française. Certaines ethnies n'ont pas d'histoire écrite, mais leurs traditions folkloriques, leur art, leur musique sont des moyens culturels de grande valeur pour le devenir d'un enfant.

Ceux qui ont affaire à un enfant issu de deux ethnies ne doivent pas oublier, en tout cas, qu'il vit au jour le jour, dans sa vie imaginaire et symbolique, dans son intimité inconsciente, une expérience qui n'est alors pas même *parlée*, puisque ce qu'il ressent ne peut se dire dans la culture du pays où il vit. Or, comme toujours, ce qui n'est pas « parlé vrai » n'est pas humanisé.

A mon avis, hors de toute considération sur le divorce et ses effets, l'être humain apprécie la valeur de son humanisation, qui se réalise avec des moyens culturels très différents pour chacun, s'il sent que ces moyens sont reconnus comme valables au même titre que les autres, là où il vit. Mais il est vrai que, si certains modes d'existence et certaines expressions culturelles sont très différents les uns des autres, ils seront moins facilement reconnus comme moyens d'échanges sociaux dans le temps et dans l'espace actuels où vit cet être humain-là.

Il arrive que les deux lignées parentales, pour des raisons ethniques ou sociales, soient franchement hostiles.

Quand elles le sont – et nous le voyons bien dans le cas où les enfants sont retenus dans un pays étranger –, c'est un drame que nous ne pouvons pallier qu'en en parlant. Je crois qu'il est très important que l'on en parle dans les journaux, que les enfants en entendent parler à la télévision. Ce drame est souvent, pour l'enfant, sans solution, du moins jusqu'à sa majorité. C'est pourquoi il faut qu'il sache au moins que c'est un problème que tout le monde connaît, comprend, un problème dont on parle, et que sa souffrance et celle de ses parents sont reconnues.

L'amour passionné entre un homme et une femme d'ethnies différentes peut rendre parfois leur mésentente d'autant plus intolérable ; ce qui était attrait et découverte peut devenir méconnaissance, provoquant une sorte d'aversion et réveillant un « déjà-entendu », un « pré-dit », un « pré-jugé » qui amènent alors à une séparation parfois très conflictuelle.

Cette question-là ouvre sur la problématique de la culpabilité secondaire, celle d'avoir cédé à la passion amoureuse dont il a été prophétisé qu'elle serait source de malheurs futurs aux jeunes amants qui ont passé outre aux interdits de leur propre lignée et de leur propre ethnie. Je pense que cette culpabilité, touchant un passé dont ils refusent de se rappeler les grandes joies, attise les reproches qu'ils se font ultérieurement, parce qu'ils se sont tous les deux attachés à l'enfant ou aux enfants nés de leur passion. Cela peut entraîner chez les enfants le sentiment qu'un bien ou un mal est lié à leur naissance et à leur conception, ce qui complique leur adaptation déjà difficile d'enfants métissés.

*
* *

Il arrive de plus en plus souvent qu'en cas de divorce une lignée ou même les deux disparaissent de la vue de l'enfant, puis du discours qu'il entend habituellement.

La lignée qui disparaît est celle du parent discontinu. C'est un fait qui paraît se passer sans dommages pour beaucoup au cours de leur enfance, mais qui se paie toujours lourdement quand les enfants deviennent à leur tour parents.

Tu déconseilles formellement [30] *le retour chez « papa et maman » d'un adulte marié en instance de divorce ou ayant divorcé. Car alors l'enfant voit sa mère (son père) redevenir un enfant et se laisser commander par ses propres parents.*

Il faut que les parents sachent qu'une solution de facilité se paiera cher plus tard. Il est important pour des enfants que leurs parents se comportent en citoyens adultes. Pour ceux qui ont vécu leur éducation puis leur mariage comme une « tutelle », le retour chez « papa et maman » après le divorce est une régression. Ils auraient pu, à cette occasion, se sentir adultes et plus libres, à ne plus dépendre d'une tutelle conjugale qui répétait la tutelle parentale. Le retour de son père ou de sa mère chez leurs propres parents est, du même coup, une régression pour l'enfant, qui se trouve avec des parents devenus artificiellement ses aînés, blessés par la vie, et qui ne sont plus des modèles d'adultes. Particulièrement, lorsque la mère retourne chez ses propres parents avec son fils, celui-ci a tendance à remplacer le parent absent, son père, par le père de sa mère et à se sentir ainsi le fils de son grand-père.

Soit par décision judiciaire, soit par accord entre le parent qui exerce l'autorité parentale et ses propres parents, l'enfant peut être confié à ceux-ci ou à l'un d'eux. Quels peuvent en être les effets sur lui ?

Vivre chez les parents du père ou de la mère ne peut apporter une solution à l'enfant. Bien sûr, il faut dépanner une femme qui reste subitement seule avec quatre enfants parce que son mari est parti. Qu'une famille latérale ou des grands-parents rendent service momentanément à leur fille ou leur fils divorcés en abritant les enfants dans une situation de crise, c'est une chose, mais que les grands-parents deviennent le couple référent éducateur durable, c'est toujours dommageable.

Je ferais seulement ces remarques générales : autant il est mauvais qu'un enfant aille chez des grands-parents qui blâment leur fils ou leur fille d'avoir divorcé, autant il est mauvais qu'il aille chez des grands-parents qui se réjouissent qu'il y ait eu divorce puisqu'ils peuvent élever l'enfant de leur enfant.

Pour une solution durable, une famille d'accueil jeune ou une pension serait préférable.

Quelle aide peuvent apporter les grands-parents à leurs petits-enfants après le divorce des parents ?

Pour les enfants dont les grands-parents s'entendent et dont ils voient très bien qu'ils n'ont plus de vie sexuelle – ou, s'ils ne le voient pas, qui le pressentent –, l'idée du compagnonnage chaste d'un vieux couple est quelque chose d'important. Il s'agit d'une douce amitié de vieux couple, et tout enfant rêve, quand il a des parents divorcés, qu'un jour ils se retrouveront comme lorsqu'il était petit. C'est une projection de l'enfant, de l'être humain, qui prête une évolution au désir croisé à l'amour. Le compagnonnage dans un amour authentique, chaste par rapport au désir physique, est quelque chose dont les enfants ont la compréhension quand ils sont petits. Les jeunes adultes commencent à en avoir la compréhension après de multiples ruptures, lorsqu'ils gardent de profondes amitiés avec des camarades, des partenaires de lit avec lesquels ils ont connu une époque amoureuse volcanique.

Il y a des grands-parents qui peuvent aider l'enfant à comprendre le fait que, de nos jours, le divorce est dans la loi et les mœurs, et qu'eux-mêmes, dans une situation analogue, auraient divorcé. Ils le regretteraient maintenant puisqu'ils s'entendent bien, alors qu'ils sont devenus vieux et qu'ils sont heureux d'avoir des petits-enfants qu'ils peuvent aider à supporter le divorce de leurs parents.

Cet âge de l'adulte explosant de désir, les enfants vont le comprendre au moment de la puberté ; plus jeunes, ils ne le peuvent pas. Après des ruptures comme ils vont avoir à en vivre dans l'adolescence, ils se fixeront à un seul être. A ce moment-là, c'est-à-dire vers vingt, vingt-deux ans, ceux qui pourront connaître leurs deux parents, s'ils en étaient séparés jusque-là, comprendront qu'il y a des raisons de se coupler pour un compagnonnage, sans qu'il y ait toujours de désir sexuel. Parmi eux, beaucoup même souhaiteront que, sur le tard, leurs parents libérés d'un partenaire actuel, légal ou non, puissent se retrouver. C'est une projection de la petite enfance sur l'âge tardif.

Et, de toutes les paroles qui peuvent être dites à un enfant, ce sont surtout celles des grands-parents à leur petit-enfant qui peuvent permettre à celui-ci de discuter avec eux et, ainsi, de relativiser ce qui, en lui, lorsqu'il est jeune, au moment où il souffre de la séparation de ses parents, le porte à rendre responsable, coupable, l'un ou l'autre de ses parents. Il est très bon que l'enfant reçoive des paroles qui l'ouvrent à cette intelligence des relations du couple, intelligence qui lui viendra avec l'expérience.

6

Le travail de la castration

J'ai eu un entretien avec une fillette de dix ans dont les parents ne sont pas divorcés. Elle est très observatrice et se trouve avoir beaucoup de camarades de classe dont les parents, eux, sont divorcés. Elle utilise le mot « désorientation » pour dire ce qu'elle ressent de leur situation. Quel serait ton commentaire ?

Je crois que c'est très juste. Ils ne savent pas comment s'orienter. L'orientation, c'est, au jour le jour, développer des possibilités qui ont un but futur. Or ces enfants ne savent pas s'ils doivent, si c'est une fille, devenir fille en vue de se marier ou en vue d'être une future divorcée, et, si c'est un garçon, devenir garçon en vue de se coupler ou en vue de rester célibataire, si son père lui-même ne s'est pas remarié. Pour ces enfants, ce sont les repères de l'orientation qui sont clignotants. C'est comme s'il y avait « deux pôles nord ». Habituellement, chacun des parents représente un pôle différent de développement pour l'enfant, mais, là, ils penchent en quelque sorte du même côté : ils indiquent tous deux la même direction. Alors que l'enfant a besoin de s'orienter à partir de deux pôles différents.

Il arrive que des enfants s'immiscent très tôt entre leurs parents. Par exemple, en criant systématiquement la nuit, ils « obligent » leur mère à rester auprès d'eux, ce que leur père tolère mal. Si, ultérieurement, un divorce a lieu, l'enfant pourrait-il croire qu'il a participé à la dissolution de leur couple ?

L'enfant se sent le centre du monde. Quand il arrive quelque chose dont il a à souffrir ou dont quelqu'un a à souffrir, il croit qu'il en est l'agent provocateur. Lorsqu'on a l'occasion d'entendre un enfant – appelons-le Paul – qui pourrait se croire responsable du divorce de ses parents, il est important de lui dire : « Ce n'est pas vrai que c'est à cause de toi que tes parents ont divorcé. Si cela arrivait aux parents de Pierre, de Sylvie ou d'autres, on dirait aussi que c'est à cause d'eux que leurs parents se séparent, mais ce n'est pas à cause de cela. Tes parents n'étaient pas mûrs pour avoir un enfant entre eux, et ta mère n'a pas laissé ton père commander la situation. Toi, tu jouais ton rôle d'enfant ; eux n'ont pas joué leur rôle de parents. »

La plupart du temps, ce sont les mamans qui n'osent pas laisser leur enfant pleurer ; c'est qu'elles n'aiment pas assez leur homme pour dire à leur enfant : « J'ai plus besoin d'avoir un homme dans mon lit que d'aller dans la chambre d'un enfant qui pleure. » De leur côté, les hommes croient que c'est le « boulot » de la mère de calmer l'enfant. Ils n'osent pas aller dire à leur enfant : « La place de ma femme est dans mon lit et non pas près de toi parce que tu pleures chaque soir. » Si cela arrive, c'est que les parents ont été complices.

Pourrais-tu expliciter ce que tu entends par « l'enfant se sent le centre du monde » ?

Tous les enfants ont l'impression qu'ils sont la cause même de tout. C'est une imagination d'enfant : on ne pourra pas la lui retirer. Il se croit la cause parce qu'il désire en avoir été la cause. La croyance est aussi un désir. Fille ou garçon, l'enfant désire l'avoir emporté, dans le cœur de sa mère, sur celui qui s'est trouvé être un intrus pour lui après lui avoir donné la vie.

Tu as écrit : « C'est à trois ans que l'enfant garçon ou l'enfant fille provoque des tensions entre ses parents. A sept ans, il est machiavélique à exciter leur jalousie, diviser pour régner [31]. *» Si les tensions qu'il provoque aggravent le conflit des parents et que celui-ci aboutit à un divorce, l'enfant ne risque-t-il pas d'en garder une grande culpabilité ?*

Bien sûr. Il en garde une grande culpabilité. Les parents ne formant pas véritablement un couple auparavant, le comportement œdipien de l'enfant a provoqué la jalousie d'au moins un de ses parents donnant raison à l'enfant contre son conjoint. L'enfant se sent coupable, mais, en fait, c'est le couple qui était fragile. Devant les coups de boutoir incestueux et machiavéliques des petites filles et des petits garçons à l'âge de l'Œdipe, les couples solides rient ; ils s'en amusent et jouent le jeu : faire semblant d'être jaloux en riant beaucoup, ce qui désamorce immédiatement les sentiments coupables de l'enfant, puisqu'il voit que personne, pas même lui, ne peut s'enfoncer comme un coin entre sa mère et son père.

L'enfant du divorce n'est pas plus machiavélique qu'un autre dans ses ruses œdipiennes. S'il se trouve qu'elles

93

aient prise sur ses parents et provoquent peu à peu leur séparation, l'enfant pense qu'il y est pour quelque chose ; en réalité, c'est la solidité de la digue du couple qui était lézardée.

Il faudrait alors que quelqu'un puisse le dire à temps à l'enfant.

En effet. D'ailleurs, les psychanalystes d'enfants ont un grand nombre de demandes de consultations pour des « trios » en cours de difficultés œdipiennes : l'âge de l'enfant se situe entre cinq et sept ans. Il suffit alors de recevoir plusieurs fois les parents, en voyant quelquefois l'enfant. Il faut donner confiance au père dans son attitude castratrice et expliquer à la mère que son comportement à elle veut en éviter l'effet régulateur sur les désirs de son enfant, qui est resté articulé en elle à un infantilisme prolongé. Elle est piégée de façon homo- ou hétérosexuelle archaïque à son enfant dont elle soutient le comportement perturbant à l'égard de la relation qu'elle a avec son conjoint. Des phrases simples peuvent être suggérées aux parents ; ils y réfléchissent.

Si c'est la mère, elle peut dire à son enfant : « Je ne permettrai à personne d'embêter celui que j'aime et qui est ton père. Si tu n'es pas content ici, je chercherai une solution à l'extérieur. » De même, le père peut dire : « Je ne permettrai à aucun homme de venir gâcher la vie familiale en embêtant ma femme. Il n'y a pas de raison que ce soit toi. Tu deviens grand, et j'en suis très fier, mais tu ne vas pas nous embêter plus longtemps. » Il soutient ainsi le garçon dans sa virilité en le traitant comme un étranger qui viendrait gâcher leur couple. Comme je l'ai dit, pour ces « trios en cours de difficultés œdipiennes », quelques entretiens avec les parents sont souvent suffisants.

*
* *

Aujourd'hui, on entend souvent les psychologues ou les sociologues soutenir que l'enfant dont les parents se séparent ou divorcent doit faire un travail de deuil. L'expression te semble-t-elle appropriée ?

Si c'est le deuil de sa petite enfance, de l'époque où les parents représentaient pour lui une entité bicéphale sécurisante indissociable, il s'agit plutôt d'une castration : de la mort de l'« enfant » en soi-même. L'enfant a besoin de savoir qu'il est la représentation de l'indissolubilité et de la combinaison vivante – physiologique, affective et mentale – de l'essentiel de ces deux êtres que sont ses parents. Lui donner la castration, c'est un travail qui consiste à lui donner le sens de ce que c'est lui qui représente ses deux parents : il n'a plus besoin, bien qu'il en ait désir et envie, de continuer à vivre avec eux d'une manière quotidienne.

Il a seulement besoin d'entendre de quelqu'un de crédible qu'un enfant cherche un modèle féminin et un modèle masculin, qu'il n'est pas indispensable que ce modèle soit le géniteur ni qu'il y ait de l'amour entre lui et l'enfant.

Il faut ouvrir l'esprit de l'enfant sur les difficultés qu'il y a à vivre de ses parents, au lieu de le culpabiliser ; soutenir sainement son droit à la critique des adultes et son devoir de se trouver, au jour le jour, des modèles des deux sexes – que, dans son imagination, il couple ou non. Il s'agit d'une castration du mode de penser de la petite enfance.

Quels sont les effets de cette castration que tu viens d'évoquer lorsqu'elle est opérante ?

Dans ce cas, le divorce est un facteur de maturation. Quand les parents ont assumé de façon responsable leur divorce et qu'ils ont eux-mêmes mûri, l'enfant peut, en dépit des épreuves, conserver son affection à son père comme à sa mère. Il est remarquable de voir à quel point certains enfants de divorcés sont avancés dans leur maturation sociale et leur autonomie.

Une enquête française sur un échantillon d'enfants de parents divorcés, faite au moyen de tests projectifs, met en évidence chez eux l'image d'un couple solidaire imaginaire [32].

C'est le couple, inséparable dans l'inconscient, des pulsions actives et des pulsions passives. Il est intériorisé chez chaque enfant.

Dans ce sens, je dis que, même si le divorce prive l'enfant du couple extérieur de ses parents, ceux-ci lui deviennent plus intérieurs, et de façon profonde. Les parents réels, extérieurs, sont ceux qui sont présents et qui lui ont donné l'exemple des ratés de la vie d'adulte qui pouvaient lui nuire. Mais, puisqu'ils ne sont plus ensemble et qu'il y a séparation par le divorce, leur exemple ne le gêne plus.

Une autre façon, sans doute, de recouper le problème des castrations : actuellement, deux tiers des divorces sont demandés par des femmes [33], les motifs souvent invoqués étant l'alcoolisme et la violence du mari.

Il y a de nombreux divorces pour des raisons d'alcoolisme du mari qui proviennent, pour beaucoup, de ce que la femme a été piégée dans sa maternité. Si, au début de leur vie conjugale, l'homme n'était pas alcoolique, souvent il l'est devenu parce que sa femme s'est laissé piéger par sa maternité, n'étant plus pour son homme le soutien qu'elle était auparavant. Il y a aussi des femmes qui, pendant leur grossesse, ne sont pas les épouses de leur homme, lequel se met à boire parce qu'il faut bien qu'il ait une consolation. Il va avec les copains ; et les copains, où peut-on les voir ? au café.

Lorsque l'enfant est né, l'homme, ne sentant plus de soutien affectif chez sa femme trop accaparée par l'enfant, fait une sorte de « jalousie du puîné » et vit à son insu un petit état dépressif. Il retourne au biberon comme un enfant de trois mois ; il est abandonné à la naissance de l'enfant par ce qu'il y avait dans sa femme de composantes maternelles inconscientes à son égard.

De son côté, la femme abandonne son homme : elle trouve des prétextes pour lui demander qu'il devienne pour elle, voire pour leur enfant, une deuxième mère, une mère *bis ;* elle le souhaite inconsciemment. Le rôle des femmes est énorme dans l'alcoolisme des hommes qui n'étaient pas alcooliques lors de leur première rencontre. Beaucoup de femmes se plaignent que leur homme soit alcoolique et le quittent pour cette raison, alors que ce sont elles qui l'ont rendu alcoolique. Cela n'est pas assez dit. Comme n'est pas assez souligné le rôle des mères qui se plaignent de leurs fils et qui peuvent ainsi contribuer à les rendre progressivement alcooliques. Ce sont des mères qui ont été tout au long de la petite enfance leur esclave et leur servante. Plus tard, elles disent : « Je n'en peux plus. » Elles leur tapent dessus et les jettent sur le palier. Le garçon, lui, est devenu le bourreau de sa mère ; or c'est elle qui l'a rendu ainsi.

Comme elle n'a pas pu soutenir chez lui l'interdit de l'inceste à chaque castration [34], dès son enfance il a fait d'elle sa complice par tous les moyens métaphoriques dont il disposait.

Il n'y a pas eu d'interdit de l'inceste oral au moment du sevrage. C'est donc un fils qui « cannibalise » l'argent de sa mère par tous les moyens métaphoriques d'une « tétée » permanente : il lui demande de l'argent sans arrêt.

Il n'y a pas eu, ensuite, d'interdit de l'inceste anal. Il est donc resté suspendu à elle, et elle est restée suspendue à lui au moment du « faire ». Elle est restée suspendue à un « faire pour lui », au lieu que s'instaure un travail de collaboration dans lequel chacun fait pour la maison, aussi bien l'enfant que la mère et le père. De son côté, le fils ne « fait » que pour aider sa mère ; il ne « fait » que pour elle : il la souille, il la conchie. Tandis que, à partir du moment où un enfant acquiert son autonomie motrice, sa mère ne l'aide plus constamment.

Enfin, il n'y a pas eu d'interdit de l'inceste génital. La mère ne lui a pas dit qu'une femme désire un homme adulte. Il ne suffit pas qu'elle lui ait expliqué : « Tu ne peux pas être mon mari, parce que tu es petit et que je suis grande », car alors l'enfant pense : « Bon, alors, à quatorze ans, je le serai. » Et, à quatorze ans, ces garçons se mettent à boire, à insulter leur mère.

La prévention de l'alcoolisme impose toute une compréhension de la société par rapport à l'enfant petit. Et je dis que l'on peut faire beaucoup en instaurant l'accueil des parents et des enfants jusqu'à trois ans comme nous le faisons à la « Maison verte [35] » – par exemple, en rendant à une femme son goût de vivre comme une femme, alors qu'elle ne vivait plus que comme une mère gâteuse de son enfant.

Ce qu'il faut viser, c'est que l'enfant puisse s'autonomiser et sevrer sa mère. Alors, la mère sevrée sèvre à son tour son enfant, mais elle ne se sèvre pas de lui toute seule, tandis que, si l'enfant sèvre sa mère, elle est bien obligée de chercher et de trouver ailleurs. Alors elle trouve un moi auxiliaire dans une autre mère qui est là. Puis, un jour, le père vient à la « Maison verte » – pourquoi les pères ne viendraient-ils pas ? Donc, les maris viennent chercher leur femme et parlent entre eux. Que l'enfant ait pris son autonomie fait effet. Et l'enfant est capable de la prendre. S'il ne la prend pas, c'est parce que sa mère est piégée par lui et qu'il est devenu pour elle l'équivalent de son phallus : tout est en lui, elle ne peut se distraire de lui, elle n'est occupée que de lui, elle a les yeux rivés sur lui. C'est ce qui empêche l'enfant d'aller vers son autonomie ; sa mère a besoin de lui, et un enfant « ne peut pas faire ça à sa mère » qui a besoin de lui.

Mais les mères qui viennent à la « Maison verte » souhaitent-elles être sevrées par leur enfant ?

Elles viennent pour se reposer. Elles savent qu'il y a des jouets pour l'enfant. Surtout, c'est la première fois que leur enfant ne veut pas rester accroché à elles. Il va avec les autres enfants de son âge. Et combien de pères nous disent ensuite : « Vous avez sauvé notre ménage qui était en train de se désagréger complètement. » Or, apparemment, nous n'avons rien fait. En tout cas, nous n'avons pas fait du tout la morale à quiconque. Nous avons simplement permis à l'enfant de prendre son autonomie.

Ce type de lieux d'accueil est une réponse de la société à ce malaise croissant des couples, dans lequel la femme se trouve plongée perversement dans sa maternité et l'homme abandonné par sa femme au moment de la naissance de l'enfant. C'est une des réponses de la société à la nécessité pour un enfant de se structurer avec son père et sa mère. Lieu d'accueil pour l'enfant *avec* ses parents et non pas pour lui seul ; lieu où il apprend à être en sécurité dans la société en présence de ses parents, qui sont les garants de son identité. Il peut alors comprendre que, quand ses parents ne sont pas là, il est toujours leur enfant ; et c'est de lui-même que vient un beau jour, vers deux ans et demi, trois ans, la phrase : « Moi, je veux aller à la garderie où les parents ne restent pas. »

*
* *

Les entretiens avec les adolescents font ressortir l'importance, pour eux, de la violence au sein du couple de leurs parents.

Toute violence procède de l'absence de mots pour dire le désaccord entre deux sujets. Quand le sujet ne peut plus s'exprimer, c'est le corps en tant qu'objet qui « se paie » sur le corps de l'autre, objet de rejet, ou de rivalité, ou occasion de frustration dont il faut triompher ou qu'il faut accepter de subir.

Les répercussions de la violence parentale à laquelle assiste l'enfant sont différentes selon son âge.

Vers trois, quatre ans, la violence entre les adultes est vue comme une scène jouissive : c'est pour le petit enfant, peu ou prou, comme une scène primitive où le vainqueur est le plus phallique des deux. Tu entends des enfants de cet âge te parler de « papa qui bat maman » ; pour eux, c'est « Goldorak » ou « Brave Star ».

C'est tout différent après l'Œdipe, l'enfant souffrant alors de voir sa propre sexualité méprisée comme celle du conjoint vaincu. Si c'est la femme qui est vaincue, les pulsions réceptives et passives du garçon reçoivent un modèle de masochisme, puisqu'il voit la mère rester au foyer malgré tout. Ces scènes sont des jalons de la pérennité de ce couple parental violent. Quant aux pulsions actives, aux pulsions phalliques, le garçon les voit alors comme pouvant aller jusqu'à la destruction de la conjointe, ce qui est un modèle de délinquance pour sa virilité.

Chez la fille, assister à la violence dans le couple produit un effet analogue, avec pour conséquence que le parent qui sort vaincu de la bagarre devient pour elle le modèle du sexe méprisable et méprisé.

Les enfants, aussi bien les garçons que les filles, essaient de se mettre en travers de ces bagarres ; ce faisant, ils risquent dangereusement de forcer le verrou encore fragile qui contenait pour eux le désir incestueux. Ce danger est encore plus grand à notre époque qu'autrefois où, à la puberté, garçons et filles pouvaient fuir le foyer de façon licite en allant travailler.

Le départ de certains pères violents, alcooliques, ou de certaines mères violentes ou inaffectives, apporte-t-il un soulagement ?

Le climat qui était volcanique redevient calme, et c'est en effet très apprécié par l'enfant, au moins dans les débuts. Car, peu à peu, le piège du couplage complice avec un seul parent peut obliger l'enfant à idéaliser celui-ci, ce qui provoque en lui la décision de s'y consacrer toute sa vie. J'ai vu cela se produire plusieurs fois : « Je ne me marierai pas, parce que maman s'est sacrifiée à nous. Je dois donner ce que je gagne à maman. » Pour combattre le désir incestueux, ils idéalisent la mère. Les solutions sont différentes pour les garçons et pour les filles ; mais les problèmes apparaissent au moment de l'adolescence. Pour la fille, ce peut être sous la forme de projets inconscients de « sororalité » : toute sa vie avec sa mère.

C'est ce que tu appelles la « fille coincée » ?

Oui, c'est cela. Elle décide de compenser pour sa mère, dans l'avenir, ce que celle-ci a sacrifié de sa jeunesse au maintien de la famille après l'abandon de poste du père.

Pour les garçons, la situation se trouve compliquée à l'adolescence, et chaque cas trouve une solution particulière, bien souvent névrotique.

Pour ne pas « plaquer » leur mère, ils peuvent décider de ne pas avoir de vie sexuelle, de ne pas entreprendre les longues études qu'ils désirent faire, estimant qu'elles coûteront trop cher et dureront trop longtemps. Ces garçons ont ainsi, par culpabilité, une embolie de la circulation libidinale dans leurs relations avec leur classe d'âge. Ils se sentent des responsabilités de conjoint ; et ou bien ils réagissent en s'y opposant et en devenant invivables avec leur mère, ou bien ils vivent dans une fausse chasteté, dans une fausse homosexualité avec des camarades comme eux, dévoués au devoir familial. Ce sont des névroses assez difficiles à supporter.

Ce qui veut dire, semble-t-il, que, dans les deux cas, les mères, de leur côté, ne peuvent pas retrouver de conjoint.

Elles ne le peuvent pas, parce que la place est prise.

En conclusion, ce soulagement dont on parle après le départ du conjoint trublion ne dure pas longtemps. Comme je viens de le dire, c'est un piège pour les enfants et pour le parent qui se consacre à eux dans la paix retrouvée. Le départ du « fâcheux » aurait un sens positif si, peu de temps après, la libido de la femme se réveillait pour un homme vivable, ce qui rétablirait l'ordre de la libido chez les enfants.

Certains types de divorce avec conflit autour de l'enfant modifient chez celui-ci, « en cours de structuration et de croissance, la valeur de modèle et de crédibilité de l'adulte, en tant que valeureux », as-tu écrit [36].

Souvent, en effet, l'enfant ne donne plus de crédit à la parole du parent avec lequel il vit. D'avoir eu l'expérience d'un conflit venu des difficultés des parents et non d'un seul – du moins à ses yeux – fait qu'aucun des deux n'est pour lui plus crédible que l'autre. C'est pourquoi, dans un divorce conflictuel, la meilleure solution est de confier pendant une année scolaire l'enfant à une famille d'accueil ou que, restant en famille, il soit mis en pension le temps que se calment les deux conjoints passionnés.

Tu veux sans doute parler de ces cas où les jugements, les arrêts, les pourvois, les enquêtes et contre-enquêtes sociales, les expertises psycholo-

giques se succèdent, aucun des conjoints ne pouvant se résoudre à céder ?

Oui. Dans ces cas, une solution radicale peut être nécessaire. On pourrait, par exemple, confier l'enfant pendant un an à un oncle et à une tante ayant eux-mêmes des enfants et ne prenant parti ni pour l'un ni pour l'autre de ses parents, ou lui proposer d'aller en internat. Il faut naturellement discuter avec l'enfant et lui expliquer que, de toute façon, ce climat de crise aiguë ne lui convient pas.

Tout adolescent qui vit son évolution simultanément comme oubli, malaise et découverte peut-il voir se réactiver certains souvenirs des expériences vécues autour du divorce de ses parents ?

Bien sûr ; et non seulement du divorce de ses parents, mais de tout ce qui a été important dans sa vie depuis qu'il est petit. C'est justement le propre de l'adolescence : tout ce qui a été vécu d'important depuis l'enfance se réactualise, consciemment ou inconsciemment, dans les comportements ou dans les ressentis émotionnels. De plus, le climat émotionnel y est toujours dépressif.

Dans toute adolescence ?

Dans toute adolescence, parce qu'il s'agit d'un deuil ; d'un deuil d'une façon d'être de soi-même. A ce moment, les mots mêmes du vocabulaire changent de sens – pour ne parler que des mots « aimer », « désirer » ou « envier », sans compter ce qui s'y attache alors des qualités des uns et des autres, sur lesquels se motivent les rivalités. Aucun de ces sentiments n'est plus ce qu'il était de huit à douze ans, ni de quatre à huit ans, ni de la naissance à quatre ans. Il faut faire le deuil de ces trois périodes de l'enfance.

C'est ce qui fait comprendre qu'il y a toujours, chez tout adolescent, des moments où affleurent des idées de suicide – qu'il ne faudrait pas aller prendre pour des tentations de le réaliser. C'est là que l'écoute d'un adulte qui n'est pas angoissé et qui laisse dire l'adolescent sans lui reprocher le sentiment dépressif dont il fait état dans sa confidence, c'est là qu'une telle écoute – à l'insu même de l'adulte – devient le soutien de cet « accouchement de citoyen » que représente le passage de l'adolescence – passage qui implique le deuil et l'abandon au passé de sa propre enfance, sans nostalgie.

Le surinvestissement et le désinvestissement du sexe, de l'école et de l'argent, habituels à l'adolescence en dehors du divorce, peuvent-ils revêtir des aspects particuliers, du fait du divorce ?

Il est impossible de répondre à une telle question. Cela dépend de la personnalité des parents. Cela peut soulager un garçon que son père ne soit pas là, par exemple, pour s'opposer à un choix professionnel que son père n'aurait pas accepté, ou soulager une fille qu'il ne soit pas là pour être jaloux du « jules » qu'elle veut fréquenter ; tout comme il est possible que la fille comme le fils se sentent sans appui parce qu'il n'y a pas un tiers à la maison pour tempérer l'attitude de la mère.

Le fait d'avoir souffert du divorce de ses parents n'est pas éliminable. Cela fait partie de l'ensemble de la problématique d'un sujet ; on ne peut pas en parler d'une façon générale. Chaque cas est un cas particulier.

L'absence physique, la carence symbolique ou la dévalorisation d'un de ses deux parents peut amener l'adolescent à se construire, dans son imaginaire, une image surinvestie de ce parent, plus particulièrement quand c'est du père qu'il s'agit.

Les adolescents sont obligés de préserver l'image d'eux-mêmes comme futurs géniteurs, en construisant dans leur imaginaire un géniteur ayant de la valeur, et ce du fait de l'inflation du père aujourd'hui. Ils ont besoin de pouvoir compter sur la génitude, leur capacité d'engendrer, sans se tromper, « comme l'a fait papa en se mariant avec maman » ou « maman avec papa ».

C'est une logique du vivant chez l'adolescent, qui doit conserver foi dans sa maturation gonadique à lui, dans sa puissance, indépendamment de l'exemple que lui a fourni ce père-là ou cette mère-là. Il surcompense.

Certains adolescents habitant soit avec leur mère, soit avec leur père, l'un ou l'autre ayant retrouvé un partenaire, désirent aller vivre chez l'autre parent.

C'est dommage que cela ne leur arrive qu'à l'adolescence ! A cette époque, il est temps, en tout cas pour eux, de vouloir vivre avec l'autre parent. Sinon, ce manque pèsera sur l'avenir de l'adolescent, lorsqu'il deviendra adulte et parent à son tour.

Il est indispensable qu'il se fasse son propre jugement sur la personne de son père en le considérant comme un adulte par rapport à sa relation avec un autre adulte. De même à l'égard de la personne de sa mère.

Cette observation a été faussée ou rendue impossible à partir du divorce. C'est pourquoi un séjour dépassant de beaucoup le temps des vacances chez le parent discontinu me semble indispensable : un séjour d'un an ou deux, avant que l'adolescent devenant adulte trouve une solution pour ne plus vivre chez ses parents. Et ce non pas dans le but de juger, mais dans celui de faire connaissance avec l'autre parent en tant qu'adulte cette fois, et non plus en tant que « papa » ou « maman ».

Il est fort dommage que le parent continu prenne parfois cette recherche de son enfant comme un blâme à son égard. C'est, au contraire, le signe que ce parent l'a bien élevé et préparé à vivre les émois et la recherche de l'adolescence et de l'âge adulte.

Certains adolescents n'affrontent pas la complexité de la fin de l'identification enfantine inconsciente avec leurs propres parents. Penses-tu qu'en discutant avec des adultes de ce qui a amené leurs parents à divorcer ils puissent ensuite élaborer des projets affectifs d'une façon plus personnelle ?

C'est toujours bien de ventiler les effets des événements par la parole. Mais il ne suffit pas toujours d'entendre d'autres gens émettre des opinions qui divergent de celles de ses parents. Parler n'est pas vivre une expérience. C'est mieux que rien, mais cela peut piéger l'adolescent : il pourrait suivre les conseils de quelqu'un qui a seulement la langue bien pendue, qui sait s'exprimer.

Peut-être pourrait-il être aidé ainsi à s'exprimer d'une façon consciente ?

A exprimer ce qu'il ressent, mais peut-être pas à évoluer. C'est mieux que rien, mais c'est insuffisant.

On entend dire aujourd'hui : « Tu es un enfant de divorcés ? – Moi aussi, je suis un enfant de divorcés. » On s'aime... à travers quoi ? Les divorces fonderaient-ils des lignées parentales ?

Ils ont connu les mêmes épreuves. Il peut arriver que des gens se lient entre eux parce qu'ils croient savoir, du fait d'une situation juridiquement semblable, qu'ils ont souffert de la même chose, mais je ne crois pas que cela soit vrai. Pas plus que « Nous appartenons chacun à une famille qui s'entend bien » ne signifie qu'un homme et une femme sont faits pour vivre ensemble ou qu'ils peuvent s'entendre en profondeur. Je crois que c'est également un piège. C'est une chose de s'entendre avec un autre parce que l'on aime ensemble un même type de culture, un même type de loisirs ; c'en est une autre que d'être « jumeaux de misère de jeunesse [37] ».

« Eh bien alors, là, il faudra peut-être se marier pour pouvoir divorcer... Oh ! mais c'est loin... », disait un enfant. Tu commentais ce propos ainsi : « C'est un comportement infantile qui va reproduire, pour leurs enfants, ce que ces jeunes auront vécu avec souffrance. On prépare encore des divorces [38]... »

C'est ce que l'on appelle une « névrose familiale », c'est-à-dire la répétition, de génération en génération, des mêmes impasses. C'est le « cercle de famille », si bien décrit par André Maurois et complètement contradictoire avec les désirs conscients des gens. L'identification paraît fatale parce que les enfants veulent croire que les parents sont des absolus, des « bons dieux » qu'il ne faut jamais juger. Ce serait pourtant leur devoir d'adolescents

108

de les juger comme ayant fait ce qu'ils ont pu et pas plus. Et, à partir de là, honorer leurs parents en faisant autre chose qu'eux.

Ce qui importe, c'est que le sujet adolescent se prenne en charge, et ce parce que, justement, il s'est toujours pris en charge. Il a eu un moment de leurre, quand il était petit, croyant qu'il était la grande personne qui s'occupait de lui. Cela s'est produit dans l'inconscient, où il a introjecté l'adulte dont il était dépendant, sa parole et sa névrose. L'adolescent doit se dégager de cette identification à la mère et au père pour devenir lui, dans son temps et dans son espace à lui, avec ses expériences à lui [39].

Il n'y a pas à invoquer quelque hérédité fatale puisque la psychothérapie psychanalytique – mieux encore, la psychanalyse – permet au sujet d'expliciter et de résoudre son Œdipe.

7

L'enfant et l'école

L'enquête sur le divorce à laquelle tu as participé [40] *révèle qu'« aucun des quarante élèves interrogés dans [...] deux classes n'avait été informé par ses parents de leur décision de divorcer ». Il est encore fréquent que les enfants ne parlent pas de leur nouvelle situation d'enfants de divorcés, ni à leurs professeurs ni à leurs camarades. Le silence des parents sur le divorce pourrait-il expliquer cette attitude ?*

De n'avoir pas parlé du divorce à l'enfant veut dire qu'on « l'instruit », en quelque sorte, par ce non-dit. Tout ce sur quoi porte un non-dit équivaut pour lui à tout ce que l'on cache. Pour l'enfant, le divorce est quelque chose de « très mal », dont les parents paraissent honteux comme d'un acte délictueux, ni légalisable ni reconnu par la société. Or tout ce que l'on cache n'est pas pour autant une « saloperie » : chez les humains adultes, on cache le sexe pour le mettre en évidence.

Par ailleurs, l'adulte ne parle pas à tout le monde de ses jouissances sexuelles exquises et cachées ; il veut les garder pour lui-même. C'est l'érotisme.

Pour l'enfant, le non-dit, c'est d'un érotisme extraordinaire ! Et tellement jouissif que cela serait une « chiennerie » de le dire à tout le monde. Il ne garderait pas sa pudeur sexuelle enfantine. Si on lui en parle à lui, il le ressent comme quelque chose de triste, mais ce n'est plus honteux ni trop jouissif.

A ce moment-là, il peut en parler aux autres.

C'est cela. D'ailleurs, il est intéressant que la majorité des jeunes de dix-sept ou dix-huit ans qui ont vécu des situations de divorce difficiles vous disent : « J'aurais mieux aimé, et encore maintenant je me dis que j'aimerais mieux que mon père soit mort plutôt que de l'avoir vu divorcer d'avec ma mère. Cela m'aurait fait de la peine de savoir que mon père était mort, mais j'aurais pu en parler, tandis que j'étais complètement muré du fait que mes parents étaient divorcés. Je ne pouvais pas inviter un camarade à la maison. Je m'arrêtais avant d'entrer, et, chaque fois qu'il me parlait de mes parents, je répondais n'importe quoi parce que je ne pouvais pas dire la vérité. »
Comme s'il y avait une honte face à cet acte aussi légal pourtant qu'un mariage. La honte est de l'ordre d'une loi libidinale inconsciente chez l'enfant, loi à laquelle la loi écrite, la loi positive, reste étrangère. On n'a pas honte d'un père mort ou d'une mère morte, mais on a honte d'un père ou d'une mère qui n'assume pas ses enfants.

Certains enseignants qui viennent de divorcer éprouvent une grande souffrance. Je me rappelle une excellente institutrice disant tristement à sa classe : « Cette année, nous ne fêterons pas la fête des pères ; cela ferait trop de peine à ceux qui n'en ont pas. »

Comme si le fait de la séparation des parents signifiait que les enfants avaient perdu leur père. C'était manifestement une femme qui s'identifiait à ses enfants, ce qui arrive souvent chez les enseignants, malheureusement.

Tu veux dire qu'elle s'identifiait à ses « enfants de classe » ?

Oui ; ou à ses enfants à elle. Il arrive très souvent aux parents de s'identifier aux enfants s'ils n'y prennent pas garde.

Seulement les enseignants ?

Non ; tous les parents. Ils en donnent la preuve quand ils parlent d'eux-mêmes à la troisième personne : « Maman a fait cela » ; ou de leur conjoint à la troisième personne : lorsqu'une femme appelle son mari « papa ». C'est tout à fait inconscient, mais on l'entend dire tout le temps.

Un autre exemple d'identification des parents à l'enfant : quand des parents adoptifs ne veulent pas dire à un enfant qu'il est adopté, ils justifient ainsi leur silence : « Ce n'est pas possible de lui dire. Si, dans son cas, on me l'avait dit, cela m'aurait fait trop de peine. – Mais c'est parce que vous, vous n'étiez pas adopté. Lui, c'est son histoire. Il faut au contraire lui dire la vérité. C'est ce qui va l'épanouir. »

Combien de fois des mères divorcées m'ont dit en parlant du père de leur enfant : « Il nous a abandonnés quand mon aîné avait sept ans. » Je disais alors à l'enfant, qui était présent : « Ton père, tu ne le vois plus ? » La mère répondait : « Si, si, il le voit tous les quinze jours.

113

– Alors pourquoi appelez-vous cela abandonner ? – Je veux dire qu'il a divorcé quand mon aîné avait sept ans. » Ces mères divorcent *avec* leurs enfants. Pour elles, l'enfant divorce en même temps qu'elles.

Pour revenir à l'exemple que tu donnais, l'enseignante a pu s'identifier, comme je l'ai dit, à ses enfants de couple ou à ses « enfants de classe » et à des épreuves qu'elles a projetées sur eux : si elle n'avait plus de mari, eux n'avaient plus de père.

Certains enfants cherchent à se confier à leur inter-locutrice privilégiée, l'institutrice : « Maman pleure, papa ne dort plus avec elle », confiait une petite fille de quatre ans à sa maîtresse.

L'important, c'est que l'enfant entende une réponse qui soit vraie de la part de cette personne qu'il a sollicitée, et non une réponse de « langue de bois » ; qu'il ne voit pas non plus cette personne changer de conversation.

Chacun, bien sûr, a ses limites, sa résistance, sa nature ; cependant tout instituteur ou institutrice pourrait répondre : « Tu as eu raison de me confier cela. C'est un secret. N'en parle à personne. Moi non plus, je n'en parlerai à personne. »

C'est le minimum.

Oui ; mais l'enfant a tout de même pu dire à quelqu'un sa peine ; il est moins seul.

Et l'enseignant lui a clairement dit qu'il avait entendu et compris.

C'est cela. Mais, avec certains enfants chez lesquels on sent une nuance de culpabilité par rapport à leurs parents, il pourrait être souhaitable d'ajouter : « Ce n'est ni bien ni mal ce que tu me dis là. Cela te rend triste, mais ce n'est pas ta faute du tout. Il y a des moments difficiles dans la vie des grandes personnes » ; et, en conclusion : « Tu as eu raison de m'en parler. C'est un secret que je ne dirai à personne. » Lui préciser cela est important, car l'enfant se sent coupable ; et d'autant plus que les parents eux-mêmes se sentent coupables de divorcer, alors qu'il n'y a rien de mal à divorcer. Dès lors, il n'y a aucune raison que l'enfant n'hérite pas de cette atmosphère de culpabilité.

Tu affirmes qu'une des fonctions de l'école serait d'aider les enfants à comprendre le vocabulaire concernant les liens de parenté [41]. La diversité des situations familiales ne pourrait-elle pas être étudiée également à l'école ?

Bien sûr ! Dès l'âge de six ans, la diversité des situations familiales et les difficultés que les enfants peuvent rencontrer avec leurs parents légitimes – les parents naturels notamment –, lors d'une séparation ou de la disparition de l'un d'entre eux, de même que les difficultés rencontrées avec les parents adoptifs ou les parents nourriciers pourraient devenir thème de réflexion en entrant dans le circuit des connaissances générales, illustrées par des textes littéraires. Les propos que ceux-ci éveilleraient en chaque enfant seraient les siens propres ; ils seraient ensuite discutés en classe par les élèves eux-mêmes et la maîtresse.

Quel serait le but de ces lectures-discussions ?

Faire entrer les cas particuliers dans les cas généraux permettrait de désamorcer chez beaucoup d'enfants le sentiment d'opprobre de n'être pas comme justement les enfants aiment être : « tous pareils ». Ce n'est qu'en prenant une distance par rapport aux épreuves réelles de la vie affective qu'un sujet humain assume les caractéristiques familiales qui sont les siennes. Les répercussions qu'elles peuvent avoir sur son narcissisme peuvent être immédiatement sublimées à partir du moment où le langage peut circonscrire les joies comme les épreuves, l'enfant trouvant dans la littérature des soutiens aux fantasmes que sa situation particulière lui fait éprouver.

> *La multiplicité des professeurs, au collège, peut favoriser chez les élèves un appel direct ou indirect, sous forme de sanglots convulsifs par exemple, à l'un d'entre eux.*

Ils cherchent un père idéalisé ou une mère idéalisée. C'est très fréquent. Au professeur de ne pas rejeter cette relation passionnelle et, au contraire, de se montrer tolérant à l'égard de cette dynamique en cours chez des enfants qui n'ont peut-être aucun appui ailleurs. Le professeur, homme ou femme, ne doit pas répondre de façon érotisée à cette demande d'attention qui est pour l'adolescent une implosion d'amour, une sorte de demande d'amour sur tous les plans. Il y a des phrases qu'il est très utile de savoir dire à ce moment-là – naturellement, avec des mots qui sont pour chacun les siens – à un adolescent ; ainsi : « L'âge dans lequel vous êtes est le plus difficile de toute la vie. Quand on est à votre âge, il se produit tout un remaniement de votre sensibilité.

Ne vous étonnez pas d'avoir des sentiments intenses, bizarres, qui ne rencontrent pas l'écho que vous voudriez chez les autres. Tous les adultes sont passés par là, et c'est très difficile. »

> *Tu parles là de la situation générale de l'adolescent, en dehors du cas particulier du divorce.*

Ce n'est pas une solution qu'il trouve un « maman-papa » dans sa maîtresse ou son maître, mais c'est une occasion pour que soient reconnus la difficulté de ses désirs et le conflit intérieur qu'il en éprouve. Il pourra reconnaître ainsi que « c'est difficile », mais que ce n'est ni bien ni mal et qu'il n'est pas ridicule.

> *Cela demande du respect, un savoir-faire et un « savoir-dire » de la part du professeur.*

Certains professeurs se souviennent encore des difficultés d'adolescence dont ils sont sortis ; ils sont tolérants envers des épreuves qu'ils reconnaissent comme ayant représenté des risques pour eux lorsqu'ils étaient jeunes. Sans doute, d'ailleurs, auraient-ils aimé rencontrer eux-mêmes quelqu'un qui leur permette de les supporter.

> *Dès 1965, tu proposais la possibilité que les élèves qui en feraient la demande eux-mêmes aient des entretiens libres avec des psychologues sans aucun pouvoir « législatif » ni « exécutif ». As-tu fait école sur ce point ?*

Ma proposition n'a eu aucun écho. En revanche, j'ai des témoignages d'infirmières de lycées, qui sont véritablement les « dépotoirs » des cœurs endoloris des adolescents et des adolescentes – quand elles n'interviennent pas sur ce qu'ils disent en portant un jugement sur les parents ou les professeurs – : écouter, témoigner une petite compassion, donner une tasse de camomille...

On va voir l'infirmière parce qu'on a, soi-disant, mal à la tête, à l'estomac. Ça commence par un dire de corps, et, peu à peu, on se met à raconter. On se mouche, on pleure et puis ça va mieux. Qu'on s'adresse à l'infirmière plutôt qu'au psychologue prouve, semble-t-il, qu'il n'est peut-être pas possible que cela se passe avec des personnes qui, pense-t-on, répéteraient directement ou indirectement aux autres adultes ce qui a été confié. On pense que l'infirmière doit garder le secret professionnel comme si elle était dans le cadre médical.

Te paraîtrait-il possible, si le cas d'un enfant est un peu complexe, que l'infirmière puisse faire la liaison avec le psychologue ?

Pas du tout. En revanche, l'infirmière peut dire à l'enfant : « Vous pourriez en parler au psychologue », si elle sait que celui-ci ne fait aucun dossier, qu'il garde le secret et n'écrit rien. Mais il ne faut pas que l'infirmière en parle d'elle-même au psychologue.

Elle peut dire à l'enfant qu'elle le connaît bien ?

Et qu'il est discret. Mais qu'elle ajoute : « De toute façon, je ne lui parlerai pas de vous, je ne lui dirai rien de ce que vous me confiez. »

Il devrait d'ailleurs en aller de même avec les parents. La mère doit dire à l'enfant, à sept ans au plus tard : « Ce que tu me dis, je ne le répéterai pas à ton père. Mais je trouve que tu devrais le lui dire toi-même. Si tu veux, je t'aiderai à passer le cap et à pouvoir lui parler. »

Ce qui rend les enfants tellement sensibles au « monde psy », c'est que le « psy » écrit et que cela va les suivre, ou bien que l'on parle « derrière leur dos » de leurs difficultés qu'ils ont confiées de manière intime.

Et les assistantes sociales ?

Le terme « assistante sociale » suscite des associations concernant le juridique et le social, alors que ce n'est pas la question pour l'enfant. Ce n'est pas de ce côté qu'il cherche une solution – sauf les cas exceptionnels d'enfants qui voudraient s'assumer en quittant leur famille, comme s'ils étaient déjà majeurs. C'est le cœur et le corps de l'enfant qui sont en souffrance, ce n'est pas son statut juridico-social.

Une assistante sociale peut faire comprendre à l'enfant que son problème est psychologique, comme d'ailleurs peut le faire un professeur. Si le psychologue de l'établissement scolaire a des aptitudes psychothérapeutiques, l'assistante sociale peut susciter chez l'enfant une demande de rencontre avec lui. Il est du rôle de l'assistante sociale de connaître les capacités de chacun. Elle doit donc savoir si ce psychologue a ou n'a pas d'aptitudes psychothérapeutiques et s'il a la formation nécessaire. Sinon, elle peut trouver une consultation proche et aider l'enfant ou l'adolescent à entreprendre la démarche d'y aller. Mais l'assistante sociale ne peut remplacer ni le psychologue ni la bonne infirmière « camomille-aspirine ».

Le parent discontinu a, selon toi, le devoir de surveiller l'éducation de son enfant. Or les circu-

laires ministérielles précisent seulement qu'il a le droit d'être informé du déroulement des études, soit par des entretiens particuliers, soit par correspondance, à condition qu'il en fasse la demande [42].

La circulaire lui en donne le droit, mais il en a le devoir. Je regrette que l'envoi des bulletins scolaires aux deux parents (lorsqu'ils sont divorcés) ne soit pas automatique et obligatoire. Si le parent qui les reçoit ne veut pas en entendre parler, c'est son affaire, mais le devoir du chef d'établissement serait de les envoyer aux deux parents, donc de les adresser toujours aussi au parent discontinu, même si celui-ci ne demande rien, et même si l'autre parent s'y oppose.

8

L'enfant face à la justice

Tu as écrit qu'il devrait être possible d'enregistrer la séparation comme on enregistre un mariage.

Au Danemark, si les deux époux sont d'accord sur tous les points, il est possible d'obtenir un divorce ou une séparation légale par simple décision administrative [43]. Dans un premier temps, le couple obtient une séparation administrative pour une durée d'un an : cela permet à chacun d'avoir l'expérience de la séparation. S'ils persévèrent dans leur désir de divorcer, un divorce administratif est alors prononcé. C'est gratuit. Ce n'est que si des points de désaccord surviennent, aussi bien dans le cadre de la séparation administrative que dans celui du divorce administratif, qu'il devient nécessaire de faire appel au tribunal et de prendre deux avocats.

Je ne savais pas cela lorsque j'ai suggéré la possibilité de ce type de séparation. C'est très intéressant que ce soit déjà appliqué au Danemark. Cette manière de procéder paraît très souple.

Ce qui n'empêche que, d'un point de vue général, je crois que notre société a eu tort de libéraliser aussi largement le divorce.

121

Tu as souvent insisté sur le fait que l'enfant ignore qu'il a des droits – être nourri, hébergé, éduqué, surveillé, ne pas être frappé – et que le non-dit sur ses droits favorise chez lui le fantasme que les adultes ont tous les droits sur lui. Lors d'un divorce, l'enfant entend parler des droits que la loi confère aux parents. Aussi bien n'est-il pas rare qu'un enfant entende le parent continu déclarer devant d'autres en sa présence : « C'est moi qui ai les droits sur lui. »

Il faudrait, selon moi, que les termes « droits » et « devoirs », qui ne figurent qu'en un ou deux articles du Code civil [44] sur cette question, soient repris et précisés dans tous les articles où il est nécessaire de les spécifier. Car, actuellement, ils font encore souvent contresens aux oreilles des parents comme des enfants.

En effet, être lié par des droits et des devoirs à la société, c'est une dialectique du sujet, enfant ou parent.

Avant l'âge de sept ans, l'enfant subit ses devoirs comme des obligations envers le plus fort, dont dépend l'entretien de sa vie. Ses devoirs en tant que tels, dépris de l'obligation à l'adulte, ne lui deviennent clairs qu'avec l'âge de raison.

D'autre part, quand il atteint cet âge, les parents, eux, n'ont plus vis-à-vis de lui que des devoirs et non des droits.

Enfin, à quatorze ans, il n'a plus à l'égard de ses parents que les devoirs qui sont ceux de tout citoyen vis-à-vis des autres citoyens : devoirs de solidarité familiale et de solidarité sociale.

Par ailleurs, tout enfant imagine qu'il est le centre de la vie de ses parents. Il croit donc que ses parents doivent « tourner en bourrique » à cause de lui. C'est justement

ce qu'il faudrait éviter et que bien des jugements de
divorce provoquent encore actuellement. Le père et la
mère ne font plus que tourner en rond autour de leurs
prétendus droits qui deviennent le centre de leur obses-
sion.

Encore autre chose : les décisions sont exécutoires, au
besoin avec recours à la force publique ; elles ne peuvent
que renforcer chez certains le sentiment de leur « bon
droit ».

*Beaucoup de divorces sont encore prononcés « pour
faute » et « aux torts ». Ceux-ci peuvent être par-
tagés ; mais on entend encore souvent dire : « Mon
mari [ma femme] a tous les torts. »*

Quel que soit l'âge de l'enfant, cette expression péjorative
et accusatrice est déstructurante pour lui, sans compter
qu'elle est toujours fausse ; elle distille son poison dans
le cœur de l'enfant.

Les dissensions d'un couple viennent de difficultés
bilatérales en rapport avec l'évolution personnelle de
chacun. Et le seul tort de chacun a été de se tromper
sur soi et sur l'autre en se mettant en ménage.

*Le père – plus rarement la mère – est condamné à
payer une pension alimentaire. Est-ce souhaitable
pour l'enfant qu'il entende ou qu'il lise qu'un de
ses parents est « condamné » ?*

Lorsque l'enfant entend ou lit que son père ou sa mère
est « condamné » à payer une pension alimentaire pour
lui, pour ses frères et sœurs, s'il en a, c'est encore du
poison qui est distillé dans son cœur, comme lorsqu'il

apprend que le divorce a été prononcé « aux torts » de l'un des parents ou des deux.

*
* *

Dans les jugements de divorce pour faute, dans les décisions de modification d'exercice de l'autorité parentale, le juge invoque la notion d'« intérêt de l'enfant » pour attribuer l'autorité parentale à l'un ou à l'autre des deux parents. Le terme « enfant » est employé par la justice dans son sens large et désigne le fils ou la fille qui n'a pas atteint dix-huit ans.

Le terme « mineur » serait plus approprié ; « enfant » relie uniquement aux géniteurs ou aux parents légaux ou adoptifs. De toute façon, que l'on dise « enfant » ou « mineur », cette disposition de la loi ne devrait pas s'étendre jusqu'à dix-huit ans. Un enfant de parents divorcés, beaucoup plus encore qu'un enfant de couple uni, devrait être reconnu comme pouvant plus tôt qu'un autre essayer de s'assumer lui-même en travaillant de façon licite, par exemple, au lieu de rester à la charge d'un seul membre du couple ou d'un parent qui ne vit pas en couple. Selon moi, la société devrait reconnaître à certains enfants de divorcés une capacité d'émancipation morale et civique. Il faudrait peut-être créer une expression comme « mineur autonomisé légalement ». Il ne serait pas pour autant dégagé du lien à ses parents, contrairement à l'émancipation, qui dégage la responsabilité des parents. Il conserverait ses relations affectives avec ses parents, et ceux-ci garderaient leur responsabilité vis-à-vis de lui dans la mesure où ils en seraient d'accord, lui et eux.

C'est le propre des adolescents de vouloir être autonomes ; plus encore, si leurs parents sont divorcés.

Selon toi, l'autonomie de l'enfant commence à neuf ans ; à douze ans, en général, il est autonome.

Mais il faudrait que l'autonomie sociale, la possibilité de faire un travail payé, soit reconnue aux jeunes de quatorze ans. L'autonomisation intra-familiale commence effectivement à neuf ans, lorsque l'enfant décide d'aller passer son week-end chez un copain, de faire du violon ou de la flûte, veut aller en camp scout. Ce sont les parents qui lui donnent l'autorisation, mais c'est lui qui prend les initiatives. Elles sont contrôlées par les parents mais non interdites.

La justice, de son côté, ne devrait pas oublier que les mesures prises dans « l'intérêt de l'enfant » constituent les conditions qui vont le conduire à devenir autonome à l'adolescence. Il est dans une dynamique évolutive. C'est pour cela que la décision concernant la garde devrait pouvoir être souvent remaniée. Tout ce qui peut le rendre plus apte à se séparer de ses deux parents, autant du parent continu que du parent discontinu, parce qu'il est capable de se prendre en responsabilité, doit être recherché avec les moyens des connaissances psychologiques actuelles dans les décisions qui seront prises.

Il faut envisager de ce point de vue :

— un intérêt immédiat, urgent, pour que l'enfant ne se « déglingue » pas ;

— un intérêt à moyen terme, pour qu'il retrouve sa dynamique évolutive après des moments difficiles ;

— un intérêt à long terme, pour qu'il puisse quitter ses parents : il faut qu'il soit soutenu à acquérir son autonomie plus vite que les enfants de couples unis, c'est-à-dire qu'il devienne capable de se prendre en responsabilité et non pas de s'attacher trop au parent continu ou de développer des mécanismes de fuite, qui sont principalement de deux types : l'inhibition – la fuite à l'intérieur de soi – ou l'abandon de la formation pré-professionnelle, des études, ce qui va parfois jusqu'à des fugues répétées.

« L'intérêt de l'enfant », c'est de le mener à son autonomie responsable.

J'ai encore entendu parler aujourd'hui d'un garçon qui, ayant dépassé vingt ans, dernier de la fratrie, est resté seul avec sa mère divorcée. Il commence seulement maintenant à avoir des amis, exclusivement des garçons. Sa mère s'en inquiète : « Nous étions toujours ensemble. Il était le seul qui me restait. Il trouvait très mal ce qu'avait fait son papa. Il était bon élève et, maintenant que l'examen approche, il abandonne tout. »

Il ne peut pas réussir, parce qu'il est dans l'inceste. « L'intérêt de l'enfant », dans ce cas, c'eût été de dire bien plus tôt à cette femme de le mettre en internat ou ailleurs et de l'empêcher, lui, de se consacrer à elle.

Si, comme tu le soutiens, les mesures prises dans l'intérêt de l'enfant doivent favoriser son autonomie, le jugement attribuant l'autorité parentale doit pouvoir être modifié en fonction de son développement.

La loi le prévoit : les décisions sont toujours susceptibles d'être remaniées, et aussi souvent que nécessaire [45]. Mais jamais on ne dit à l'enfant qu'il peut s'adresser au juge des affaires matrimoniales. A partir de huit ans, tout enfant devrait pouvoir communiquer avec le juge aussi souvent qu'il le désire.

Par ailleurs, indépendamment d'une situation de divorce, jamais on ne dit à l'enfant qu'il peut s'adresser au juge pour enfants et que cela fait partie de ses droits [46]. Le nom du juge pour enfants devrait être affiché dans toutes les écoles.

*
* *

Le plus souvent, les enfants, les adolescents ignorent les dispositions du jugement de divorce, et personne ne les renseigne à ce sujet. Prenons-en pour exemple cet entretien :

« Allô ! Bonjour, docteur.
– Bonjour, madame.
– Voici mon problème : j'ai quinze ans.
– Ah ! j'avais dit : Bonjour, madame. Bonjour, mademoiselle !
– Eh bien, j'ai quinze ans, mes parents sont divorcés, et j'habite chez ma mère. Je vois mon père tous les quinze jours, enfin pas régulièrement, et il m'a proposé pour les vacances de partir avec lui ; je précise qu'il est marié, enfin qu'il s'est remarié. Il m'a proposé d'aller avec lui...
– ... Avec lui ou avec eux ?
– Enfin, avec eux. J'en ai parlé à maman, et maman ne veut absolument pas ; or j'aime beaucoup mon père et j'aimerais beaucoup partir avec lui en vacances, mais je ne sais pas comment décider maman à me laisser partir.
– Oui... Et c'est elle qui a officiellement la garde pour cette période de vacances ?
– C'est-à-dire qu'en principe, chaque année, pendant les vacances, j'ai le droit... enfin ma mère doit me laisser partir quinze jours avec mon père, mais il n'est pas prévu

que ce soit avec ma belle-mère. Et là, cette fois-ci, il me propose de partir avec lui et sa femme.

– Eh oui, et c'est beaucoup mieux pour vous de partir avec votre père et sa femme que de partir seule avec lui. Et votre mère ne comprend pas cela ?

– Non.

– Elle aime toujours votre père ?

– Je ne sais pas ; je pense.

– Elle est jalouse encore ?

– Je ne sais pas. Elle ne m'en parle pas.

– Pourquoi ne lui posez-vous pas la question ? A votre âge, vous pourriez poser à votre mère des questions sur ses sentiments vis-à-vis de votre père.

– Oui, mais, vous comprenez, nous avons des rapports très difficiles. On ne s'entend pas du tout à la maison, je n'ai absolument aucune envie de lui confier mes ennuis, mes... J'en parle plutôt plus facilement à mon père qu'à ma mère, parce que je suis très éloignée de ma mère, et ça me gênerait de parler de ça.

– Écoutez, mademoiselle, c'est extrêmement difficile de vous répondre, parce que, si vous êtes avec votre mère, qu'elle s'oppose à votre départ et que vous ne voulez pas lui faire la peine de vous en aller sans son accord, c'est déjà quelque chose ; mais peut-être votre père n'est-il pas en droit de vous prendre selon la loi qui a été édictée par le juge lors du divorce. Ce qu'il faudrait, c'est que vous sachiez ce qui a été réglé lors du divorce, alors que votre père n'était pas remarié. Maintenant qu'il l'est, savoir si le jugement précise ses droits. Il devrait être encore davantage permis à votre père de vous prendre avec lui maintenant qu'il a reconstruit un foyer. A ce moment-là, si la loi est avec vous, votre mère ne pourra pas vous en empêcher, même si ça lui fait de la peine.

– Oui.

– Et c'est très important, parce que, si votre mère a la garde et que vous fassiez quelque chose qui la heurte, d'une part selon ses sentiments, d'autre part contre la loi qui a été décidée par le juge, elle serait en droit ensuite de faire appel ; votre père, sous prétexte qu'il vous aurait pris hors du règlement de jugement, ne pourrait plus vous voir du tout. Alors ce qu'il faut pour vous, c'est savoir le règlement de jugement et voir si la garde ne pourrait pas être transformée ; vous savez que la garde peut se transformer à la demande d'un des deux parents, et surtout à la demande des enfants quand ils atteignent votre âge. C'est tout ce que je peux vous dire. Au revoir, mademoiselle[47]. »

Une petite fille âgée de cinq ans dont les parents étaient en instance de divorce a demandé à l'une de ses amies âgée de quatre ans et demi : « Tu sais ce que c'est, un divorce, toi ? » L'autre a répondu : « Oui. C'est quand le papa et la maman ne peuvent plus vivre ensemble. Les jours de la semaine, tu iras vivre où c'est mieux pour toi, chez ta maman ou chez ton papa. Les fins de semaine, pas toutes, tu iras chez l'autre. » Cette petite était la fille d'un juge aux affaires matrimoniales.

Peux-tu demander à ses parents et à elle-même s'ils nous autorisent à publier ce qu'elle a dit ? Il faut donner valeur aux paroles de cette petite fille qui sait si bien dire des choses que les adultes, eux, ne disent pas toujours.

Par ailleurs, cette histoire peut servir à comprendre les limites de l'interprétation d'un enfant de cet âge. « Tu iras vivre où c'est mieux pour toi » ne doit pas devenir : « Tout ce que les parents vivent est au service de l'enfant. » Chacun des parents a repris sa liberté de continuer sa vie de citoyen redevenu célibataire et peut redevenir vivant, ce qui est l'aspect positif du divorce ou de la séparation. Un adulte pourrait faire comprendre à la fille du juge que sa petite amie dont les parents étaient en instance de divorce devra accepter un jour que son papa partage sa vie d'homme avec une autre femme et que sa maman ne reste pas seule chez elle.

*
* *

Le plus souvent, le divorce se passe en dehors de l'enfant. Avant que l'audition de l'enfant de plus de treize ans n'ait été rendue systématique, et celle des enfants de moins de treize ans admise si elle paraît nécessaire [48], *certains juges aux affaires matrimoniales qui estimaient utile un contact direct recevaient les pré-adolescents à partir de neuf ans, et même au-dessous de cet âge, avec l'accord du président du tribunal. Ils pensaient que l'enfant avait le droit d'avoir quelque chose à dire et qu'il était bon qu'il voie, lui aussi, la personne qui rendait le jugement.*

L'enfant devrait toujours être entendu – ce qui n'implique nullement que l'on fasse ensuite ce qu'il demande.

D'ailleurs, la décision peut lui être expliquée : le juge choisit d'attribuer la garde à celui qui est le plus apte à assurer les tâches quotidiennes que nécessitent l'entretien et l'éducation d'un enfant qui n'est pas encore autonome.

En ce qui concerne les enfants plus grands, il est important de prendre en considération leurs remarques et leurs vœux, lorsque ceux-ci s'accompagnent d'une volonté délibérée et réfléchie de vivre avec l'un ou l'autre de leurs parents.

Dans quelles conditions pourrait avoir lieu l'audition de l'enfant ? Tu dis, en effet, qu'il devrait donner son avis.

Dès le premier jour, à partir du moment où la procédure est engagée, l'enfant, les enfants seraient avertis. Et, en fin de procédure, ils seraient informés par le juge des décisions du divorce, après avoir été reçus seuls par lui, si celui-ci sait parler aux enfants, évidemment, ou par une personne qu'il en chargerait, capable d'entrer facilement en contact avec les enfants. Actuellement, trop peu de juges sont formés pour parler aux enfants confrontés aux difficultés de la séparation parentale. Cela changera : aujourd'hui, les jeunes juges sont différents, et la loi aussi change. L'important, c'est que l'enfant puisse entendre les mots justes de quelqu'un qui ne cherche pas à se mettre à sa portée en édulcorant les difficultés. Il suffit de lui dire : « Est-ce que tu sais pourquoi tu es venu ? Tes parents pensent à se séparer. Est-ce que tu le savais ? » Qu'il réponde ou non, il faut lui parler ; à six mois, il entend. Il n'y a pas d'âge pour expliquer sa situation à un enfant. (Comme le prouve la cérémonie de la naturalisation au Québec. Les Québécois ont raison de procéder ainsi.)

En attendant, on pourrait demander à des psychologues compétents de s'entretenir d'une manière adéquate avec des enfants et des adultes momentanément fragilisés.

Et la « manière adéquate » est liée à quoi ?

A une formation personnelle ; pas forcément psychanalytique. Ce peut être une psychologie de groupe. Mais une vie familiale peut avoir aussi bien formé les gens à devenir autonomes et à comprendre qu'ils étaient déjà intelligents lorsqu'ils étaient enfants. Ceux qui se sont sentis idiots quand ils étaient petits pensent que les enfants le sont.

Pourquoi me suis-je intéressée aux enfants ? Observatrice et intelligente, la quatrième d'une famille de sept enfants, c'était fantastique ! Mes parents, occupés par les petits, attendaient des aînés beaucoup de choses. Pendant ce temps-là, au milieu, j'étais « pépère » pour m'occuper, parce que j'aimais ça. C'est de cette façon que j'ai appris que les enfants sont intelligents et qu'ils réfléchissent à tout ce qu'ils voient.

> Je me demande si, dans certains cas, le contact continu avec le juridique ne modifie pas insensiblement, pour certains psychologues, cette capacité à mener un entretien de « manière adéquate ». Je pense, par exemple, à une amie divorcée qui, ayant demandé et obtenu l'autorité parentale, se trouvait en difficulté quant au choix de l'établissement scolaire pour ses enfants : son mari n'approuvait pas du tout son choix et lui proposait une autre solution qui n'était pas sans valeur. L'idée de discuter seule à seul avec lui ne lui convenait guère ; aussi eut-elle l'idée de téléphoner à une psychologue du tribunal. Elle ne put même pas exposer le problème, car la psychologue lui demanda : « Qui en a la garde ? – C'est moi. –Alors, c'est vous qui choisissez. »

Comme si d'avoir la garde supprimait les problèmes ! Ce type de réponse, formelle, doit changer du tout au tout. Cela n'est pas possible que l'on réponde ainsi à des parents qui ont le sens de leur responsabilité et qui cherchent la meilleure solution. Il y a conflit : ce n'est pas la peine de dire qu'il n'y en a pas, sous prétexte que, juridiquement, il n'y en a pas.

Le juge travaille avec un groupe d'experts qui peuvent aider l'enfant à parler, à comprendre que rien n'est parfait, que l'on décide « au moins mal », étant donné la situation à la fois affective et pécuniaire de sa famille. Il ne s'agit pas que l'enfant soit heureux, mais qu'il puisse continuer sa dynamique de structure. Or cette dynamique de structure se construit très souvent avec l'hostilité de l'enfant. Les gens veulent qu'il n'y ait pas de conflit ; or ce sont les conflits qui sont formateurs quand ils sont assumés.

Ce que j'affirme là, sur la foi de la pratique psychanalytique, va complètement à contre-courant de ces manières d'agir selon ce que l'on croit être le bien. Ce que je dis est subversif par rapport à des habitudes de faire pour qu'il y ait le moins d'« histoires » possible. Ce qui produit des drames pour l'avenir, c'est ce qui n'a pas fait de drames quand on était enfant : ce qu'on n'a pas pu dire et assumer.

Il faut aussi que les parents assument devant l'enfant le fait qu'ils ne sont pas des parents idéaux, qu'ils font ce qu'ils peuvent.

Par ailleurs, il serait important que les enfants entendent de la part du juge quelques paroles concernant leurs devoirs filiaux : entretenir des relations personnelles avec les familles de leurs deux lignées parentales, grands-parents, oncles, tantes, cousins et cousines.

Pourquoi serait-ce au juge d'expliquer à l'enfant que c'est à lui de s'assumer davantage ?

133

Je crois que c'est au juge, parce qu'il est le tiers qui responsabilise les parents par rapport non pas seulement à la loi écrite, mais à la loi de leur responsabilité de parents. J'ajouterais que cela revient au juge précisément parce que, obligé lui aussi de suivre la loi (il ne peut pas faire ce qu'il veut, il est donc comme tout un chacun soumis à la loi), c'est lui qui, dans ces circonstances, est chargé de la dire aux gens. D'autre part, dans la décision qu'il prend, il est soumis lui-même à des conditions qu'il a à apprécier. Il est donc important que ce soit lui qui dise à l'enfant : « Étant donné les possibilités [par exemple, que le père, ou la mère, est possesseur d'un appartement] et le fait que tu as vécu jusqu'à présent dans tel quartier, que ton père [ou ta mère] réclame ta garde et que je pense qu'à ton âge les camarades, l'école ont une grande importance, j'ai pris la décision – je ne dis pas que j'ai raison, mais je crois l'avoir prise en mesurant les choses au mieux – de te confier à la garde de ton père [ou de ta mère]. Je pense avoir égard ainsi à ce qui est le moins mauvais pour toi. »

Selon moi, c'est ce qui devrait être dit à l'enfant par le juge, assumant les raisons de sa décision en se référant à la loi qu'il applique. Il faut que l'enfant sache que le juge ne fait pas la loi et qu'il ne fait pas ce qu'il veut. Le juge est retenu et par la loi et par la logique d'une situation : il prend donc une mesure que l'enfant n'aurait peut-être pas souhaitée mais qui lui apparaît comme la meilleure pour le développement de celui-ci.

Bien sûr, l'enfant comme ses parents imaginent toutes sortes de choses à propos du juge. Ils pensent que celui-ci prend une jouissance à ce qu'il fait. Lorsque l'un des parents n'est pas content de la décision, il met cela sur le compte d'un « mauvais juge ». C'est que les parents

134

n'ont pas compris que le juge, lui aussi, est marqué de la castration, du fait qu'il est également soumis à la loi, d'une part, et que, d'autre part, il juge avec eux de ce qui est le moins mauvais pour l'enfant étant donné les réalités de la vie pratique que les parents proposent à celui-ci.

Je crois donc qu'il est mieux que ce soit le juge qui parle à l'enfant. Qu'il ne lui dise même que quelques mots, quitte à ajouter : « Mme Untel, mon assistante, vous expliquera plus en détail, à toi et à tes parents, tout ce que je dis là. Elle répondra à toutes vos questions. » Cette personne, ce peut être une psychologue formée à cette tâche.

Bien sûr, les parents se sentent toujours castrés par la décision du juge. Mais je crois que de marquer tout le monde de la castration, c'est ce justement à quoi peut aboutir un divorce qui s'effectue de manière saine et qui est vécu sainement : c'est-à-dire comme un fait dans lequel personne n'a pris de jouissance.

Ce que, malheureusement, on omet de rappeler lorsque le juge prononce le jugement, c'est qu'il est lui-même soumis à la loi. Les parents, eux, le savent, mais souvent ne le disent pas à l'enfant. Donc, rien ne lui est alors transmis de la castration de chacun par la soumission à la loi. Au lieu de quoi, les enfants entendent plutôt, lors des prémices du jugement final, les parents discuter de la personne du juge : « Ce juge-là est comme ci, ou comme ça. » On parle de lui comme s'il décidait selon son humeur. On dira qu'il a mauvais caractère, que c'est un mauvais coucheur, que sais-je ? que c'est un juge qui n'aime pas les femmes ou qui n'aime pas les hommes...

Pour bien des familles, le juge apparaît comme faisant la loi. Or il est très important, quand on pense à l'avenir d'un enfant, pour écarter le risque qu'il ne devienne délinquant – puisque, aujourd'hui, certains s'ingénient encore à montrer dans les pourcentages d'enfants à problèmes qui deviennent des délinquants juvéniles que ce sont des enfants de parents désunis –, que le juge rappelle qu'il est lui-même soumis à la loi et qu'il ne fait que l'appliquer. Car c'est au moment où la loi est passée dans la famille, lors du divorce, qu'elle pouvait être enseignée comme un fait de castration, valable pour tous – y compris pour le président de la République.

Le juge peut donc signifier en quelques mots seulement qu'il assume la décision, en laissant le soin à une assistante sociale compétente ou à une psychologue de son équipe d'expliquer à l'enfant et aux parents la décision prise, grâce à ce que permet la loi, au mieux pour chacun, même si elle peut apparaître discutable.

Tu soutiens qu'à partir de huit ans l'enfant devrait pouvoir communiquer avec le juge aux affaires matrimoniales aussi souvent qu'il le désire...

Je crois que l'on éviterait énormément de passages à l'acte chez les enfants – le plus grave étant le suicide – lorsqu'ils n'ont pas d'autre solution et qu'ils sont dans un malaise profond, existentiel.

Les enfants devraient être informés qu'ils peuvent écrire au juge et que celui-ci pourrait les convoquer rapidement.

Peut-être pas le juge, mais quelqu'un de son équipe ?

136

Quelqu'un qui, au nom du juge, serait à leur service. La loi est au service des citoyens. Et, selon moi, on est un citoyen dès l'âge de huit ans. Il faudrait donc que quelqu'un soit là pour dire à l'enfant : « Qu'est-ce qui ne va pas ? Tu veux me parler ? Au nom du juge, M. X, Mme Y, je t'écoute. »

Le juge est le représentant de la loi. Or les enfants, jusqu'à présent, n'ont affaire qu'à la loi qui les « fourre au trou », alors que la loi existe pour soutenir les libertés. Il faut soutenir chez un jeune la liberté de penser et de s'exprimer sur la situation qui lui est faite, ce qui ne veut pas dire que, parce qu'il se sera plaint de ce qui se passe dans sa famille, il va être immédiatement changé de famille ; pas du tout. Mais, comme il aura pu en parler, il sera reconnu comme quelqu'un qui a le droit de penser et il ne sera pas dans le désespoir de la solitude.

Il se sera expliqué devant quelqu'un qui n'est pas impliqué dans son histoire personnelle.

Exactement ; et quelqu'un qui garde le secret professionnel et qui ne va pas se mêler de raconter aux parents ce que lui a confié l'enfant. Il n'est pas nécessaire, pour que l'enfant puisse parler à un tiers, qu'il en soit arrivé au point d'avoir des symptômes qui le conduiraient chez un psychanalyste.

L'ensemble de la procédure judiciaire, qui n'épargne ni les parents ni l'enfant, est leur « résonateur naturel ». C'est pourquoi, selon moi, c'est de cette procédure que relève la possibilité pour l'enfant de parler à un tiers. Si, dans l'équipe qui travaille autour du juge, le psychologue qui entend l'enfant s'aperçoit qu'il est vraiment plus « dérangé » qu'il ne devrait l'être du seul fait du divorce, rien ne l'empêche de lui dire à ce moment-là : « Demande à la personne chez laquelle tu habites de te conduire à telle consultation ou chez tel psychanalyste. »

> *Le rôle de cette équipe serait donc : accueillir, écouter, expliquer, adresser à un psychologue de l'extérieur si nécessaire ?*

Il s'agit d'aider les plus grands enfants dans une situation difficile de division interne qui est celle des enfants de divorcés ; de leur permettre de prendre en charge leur propre destin, ce qui est le rôle de l'autonomisation dans l'éducation.

> *Certains pré-adolescents et adolescents errent autour du palais de justice et n'osent pas y pénétrer : ils voudraient pouvoir parler des répercussions et des conséquences du divorce ou de la séparation de leurs parents sur leur vie et être écoutés « là » où cela s'est passé, mais ils ne savent pas à qui s'adresser.*

Je ne savais pas qu'il n'y avait pas un accueil pour eux. Mais il ne devrait pas leur être difficile de demander au gardien, à la porte d'entrée : « Y a-t-il un endroit, une salle où l'on répond aux questions des jeunes dont les parents sont séparés ? »

Cela fait partie de l'évolution des adolescents sains que de retourner aux lieux témoins des moments importants de leur enfance. C'est une nécessité de leur adolescence que de rechercher leurs souvenirs, leur nounou, leurs photos de bébé.

En cas de divorce conflictuel, lorsque l'enfant paraît perturbé, une expertise psychologique peut être demandée. Penses-tu qu'il soit facile de décoder la parole de l'enfant dans le cadre d'une telle situation ?

Non ; mais ce n'est pas une raison pour ne pas essayer. Il faudrait expliquer à l'enfant la raison pour laquelle ses parents ou le juge ont pensé qu'il souffrait et lui proposer de passer des tests, dont on lui donnerait alors les résultats. Il faut absolument que l'enfant ait le résultat de ses tests. Cela le concerne.

Généralement, l'expert rédige le compte rendu après avoir donné des explications à l'enfant et discuté avec lui des éléments qui paraissent les plus importants à porter à la connaissance du juge. L'enfant apprend également que ses deux parents en auront connaissance et que leurs avocats en débattront.

L'enfant a surtout besoin d'un interlocuteur qui ne le prenne pas immédiatement au sérieux et qui comprenne le climat affectif dont émanent ses dires et son « agir ». Ce que dit un enfant n'est pas toujours à prendre au premier degré. Il faut décoder son désir sous ses dires. Je vais te donner un exemple très simple, choisi exprès en dehors du cadre du divorce. Un enfant sait que son parrain, qu'il aime bien, va venir voir sa mère dans l'après-midi. Il se peut que cet enfant désire à la fois voir son parrain et empêcher sa mère de flirter avec celui-ci, sans que l'on sache si c'est par amour du parrain ou par une réaction œdipienne de jalousie, parce qu'il voudrait prendre la place du parrain. Il peut alors avoir subitement mal aux oreilles ou mal au ventre, dire qu'il ne veut pas sortir ou faire en sorte d'annuler la promenade qu'il devait faire. Ce n'est pas parce qu'il a mal au ventre ou aux oreilles, c'est parce qu'il ne veut pas que sa mère soit seule avec son parrain en son absence.

Il existe une logique des discours de l'enfant, à laquelle il faut être initié pour comprendre ce que celui-ci veut dire au cours de ce que l'on nomme les « expertises ».

*
* *

Tout au long de notre entretien s'est manifesté ton souci de sauvegarder le sujet en devenir qu'est l'enfant, son identité et ses racines, lorsque survient la dislocation du couple, et également de l'aider à se structurer. N'est-ce pas le respecter ?

C'est respecter la dignité d'un enfant que de lui dire la vérité sur ce qui fait la vie commune chez les parents unis comme sur ce qui fait la vie désunie chez les parents conduits à se séparer. Souvent, les enfants de parents séparés ont plus de chance, parce qu'on leur dit la vérité, que ceux à qui on ne la dit pas alors que leurs parents ne sont qu'apparemment unis. Ils semblent unis soit parce qu'ils aiment coucher ensemble, soit parce qu'ils ont de l'argent en commun, soit parce qu'ils ne veulent pas se séparer de leurs enfants auxquels ils sont tous deux très attachés. Ces parents-là ne disent pas à leurs enfants la vérité : « Nous ne couchons plus ensemble, nous sommes libres de nos corps, nous avons fait cet arrangement jusqu'à ce que le dernier d'entre vous ait dix-huit ans. Nous restons ensemble d'un commun accord. »

L'être humain qui a choisi une famille pour naître souffre lorsque la désunion ne lui est pas expliquée comme une situation effectivement d'échec, mais malheureusement inévitable. Pour la dignité de l'enfant et celle de ses parents, il est nécessaire que ceux-ci disent ce qu'ils font et fassent ce qu'ils disent.

Les types de divorce

Depuis 1975 *, il existe, schématiquement, trois types de divorce en France :
1. le divorce par consentement mutuel ;
2. le divorce pour faute ;
3. le divorce par rupture de vie commune.

1. Il existe deux types de *divorce par consentement mutuel* :

a) Le divorce par requête conjointe (demande conjointe), qui suppose l'accord des deux époux pour divorcer et régler les conséquences de leur divorce tant pour les enfants que pour les biens, s'ils en ont. Ils n'ont pas à faire connaître les raisons de leur divorce. Ils proposent au juge des affaires matrimoniales une convention temporaire qui est homologuée au moment de la tentative de conciliation, puis une convention définitive lors du jugement qui réglera les conséquences du divorce : ces deux conventions sont rendues exécutoires à partir de l'homologation par le juge. La convention définitive précise les décisions prises par les parents à l'égard de leurs enfants : ils choisissent eux-mêmes les modalités d'exercice de l'autorité parentale, fixent eux-mêmes le montant de la pension alimentaire.

* Code civil, art. 229 à 295.

Si l'autorité parentale est confiée à l'un des parents, l'autre parent n'exerce pas l'autorité parentale et bénéficie d'un droit de visite dont il convient avec son conjoint de la fréquence et de la répartition. Il bénéficie également d'un droit de surveillance. Si l'autorité parentale est conjointe, seule la résidence habituelle de l'enfant doit être fixée. Il n'est pas nécessaire de réglementer le droit de visite.

C'est le juge aux affaires matrimoniales qui a compétence exclusive pour prononcer le divorce par requête conjointe.

Dans ce divorce, l'expression « dans l'intérêt de l'enfant » concernant les décisions prises à son égard n'apparaît pas dans la convention, puisque l'accord des deux parents à son sujet est supposé avoir été conclu dans son intérêt. Si la convention ne prévoit pas de modifications importantes concernant l'avenir de l'enfant, les révisions ne peuvent être introduites que pour motifs graves.

Le recours à un avocat unique est possible.

b) Le divorce sur demande formulée par l'un et acceptée par l'autre.

L'époux qui veut divorcer présente une requête accompagnée d'un mémoire dans lequel il décrit la situation conjugale et propose des mesures provisoires. Ces documents sont communiqués à l'autre époux, qui peut ou accepter le mémoire, ou le rejeter, ou proposer sa version personnelle. En cas d'acceptation ou de contestation des faits, le juge aux affaires matrimoniales procède à une tentative de conciliation, statue sur les mesures provisoires puis autorise le demandeur à assigner son conjoint devant le tribunal de grande instance. C'est le tribunal qui prononcera le divorce et statuera définitivement sur les conséquences (exercice de l'autorité parentale et pension alimentaire).

2. *Le divorce pour faute* oblige les conjoints à invoquer des motifs. Ils doivent faire appel à deux avocats différents. Les propositions que chacun d'entre eux formule à l'égard des

enfants ne lient pas le tribunal, qui tranche souverainement mais doit en tenir compte ainsi que de l'avis des enfants, s'ils ont plus de treize ans. Le tribunal doit justifier sa décision, qui doit être conforme à « l'intérêt de l'enfant ». La plupart du temps, l'autorité parentale sera exercée par un seul parent, le parent n'exerçant pas l'autorité parentale bénéficiant d'un droit de visite et de surveillance. Dans l'hypothèse d'un exercice conjoint de l'autorité parentale, le juge ou le tribunal fixe quelle sera la résidence habituelle de l'enfant.

3. *Le divorce par rupture de vie commune.* Il peut être demandé après une séparation de fait de plus de six ans.

*
* *

Il faut rappeler, d'autre part, que : « Le juge aux affaires matrimoniales [...] est seul compétent après le prononcé du divorce, quelle qu'en soit la cause, pour statuer sur les modalités de l'exercice de l'autorité parentale et sur la modification de la pension alimentaire, ainsi que pour décider de confier les enfants à un tiers *. »

Enfin, il est à noter que, dans les cas de divorce sur demande formulée par l'un et acceptée par l'autre, de divorce pour faute ou de divorce par rupture de vie commune, tant que le divorce n'est pas prononcé, les époux peuvent à tout moment, s'ils sont d'accord, opter pour la procédure par consentement mutuel sur requête conjointe. [Note rédigée par Inès Angelino.]

* Code civil, art. 247, al. 1.

Notes

1. Cf. F. Dolto, « Le cas d'Agnès : à quelques jours, perte de l'image du corps olfactive ; se laisse mourir », in *L'Image inconsciente du corps*, Paris, Éd. du Seuil, 1984, p. 66 *sq.* ; et « Le cas de Sébastien : une entrée dans l'autisme à cinq mois », *ibid.*, p. 238 *sq.*

2. F. Dolto, *La Difficulté de vivre*, Paris, Carrère Éditeur, 1986, p. 355.

3. F. Dolto, *Séminaire de psychanalyse d'enfants*, t. II, Paris, Éd. du Seuil, 1985, p. 139.

4. Cf. F. Dolto, *Dialogues québécois,* Paris, Éd. du Seuil, 1987, p. 148.

5. J.-M. Bonneville, « Le point de vue de l'enseignant », *in* conférences du Comité national de l'enfance dans le cadre des Entretiens de Bichat, « L'enfant et l'instabilité du couple parental », 28 septembre 1983, publié par le CNE, 51, av. F.D.-Roosevelt, Paris.

6. Ministère délégué chargé de la Condition féminine, *La Garde des enfants du divorce*, Paris, mars 1981 (ronéo), p. 32.

7. Cf. F. Dolto, *La Cause des enfants*, Paris, Robert Laffont, Livre de poche, 1985, p. 376-385.

8. F. Dolto, « Que leur dire quand on divorce... », *Le Nouvel Observateur*, n° 675, 17 octobre 1977, p. 86-89.

9. Cf. F. Dolto, *Solitude*, Paris, Vertiges-Carrère, 1985, p. 204.

10. La loi Malhuret (loi n° 87-570 du 22 juillet 1987 sur l'exercice de l'autorité parentale) a supprimé les termes de « parent gardien » et de « parent non gardien ». Elle a introduit la notion d'exercice de l'autorité parentale : un des deux parents « a l'exercice de l'autorité parentale », l'autre « n'a pas l'exercice de l'autorité parentale », à moins que les deux parents ne soient d'accord pour l'autorité parentale conjointe. Dans ce cas – encore peu fréquent –, elle est exercée par les deux parents, et la résidence habituelle de l'enfant est fixée chez l'un des deux.

Actuellement, l'ancienne terminologie « parent gardien » et « parent non gardien » semble encore dominer. Dans ce livre, Françoise Dolto souligne d'abord que toute terminologie concernant le divorce est évidemment une terminologie d'adultes qui n'implique pas un lien direct avec ce que l'enfant peut vivre avant et après la dissociation et la dislocation du couple de ses parents. Le divorce crée juridiquement en quelque sorte un « parent continu », qui assure une permanence quotidienne, et un « parent discontinu », qui paraît à jours fixes, disparaît pour réapparaître à nouveau. Les termes « parent continu » et « parent discontinu » ne renvoient nullement aux images et aux fonctions parentales intériorisées par les enfants, telles qu'elles ont été dégagées par Françoise Dolto dans son expérience clinique. Elle s'est, quant à elle, toujours refusée à employer les termes « parent gardien » et « parent non gardien », préférant les périphrases : « le parent qui a le temps principal » et « le parent qui a le temps secondaire ». Cet usage alourdissant le texte, je lui ai alors rappelé qu'elle avait forgé, il y a longtemps et dans un tout autre contexte, les termes « parent continu » et « parent discontinu ». Elle a accepté de les reprendre ici, par commodité. Ils ne constituent nullement un concept nouveau et n'y prétendent pas [note de I. Angelino].

11. Cf. note précédente : la loi Malhuret.

12. Cf. F. Dolto, *Tout est langage*, Paris, Vertiges-Carrère, 1987, p. 96 : « Il y a des pères qui sont les pères nourriciers de leur bébé, parce qu'ils ont un travail à domicile ou parce qu'ils sont chômeurs ou parce qu'ils préparent leur thèse alors que leur femme est obligée d'aller travailler et de revenir le soir ; eh bien, ces pères, leur enfant les appelle maman et appelle leur mère papa. »

13. Juris-classeur civil, Paris, Éditions techniques, 1987, Divorce, conséquences du divorce pour les enfants, 8, 1982, art. 286 à 295 du Code civil, fasc. 1, n° 49 :

« Éléments tenant aux parents : Entourage. – Il peut être favorable (père aidé par ses parents, *Cass. civ. II, 10 fév. 1971 : J.C.P. 71, éd. G. IV. 72. – 14 nov. 1973 : Bull. civ. II, n. 291*) ou au contraire néfaste (concubinage, à moins que le remariage soit ultérieurement envisagé, *Cass. civ. II, 20 janv. 1967 : D.S. 1967. 415*). Il est vrai qu'on a aussi soutenu qu'il était préférable pour l'‘‘ enfant de vivre avec un parent qui a repris une vie de couple ” *(Mme Dolto, Le Monde, 4 avril 1978).* »

Il est à remarquer que c'est l'une des rares fois où le Juris-classeur prend en compte l'avis d'un psychanalyste, en l'occurrence Françoise Dolto, sur une question touchant au divorce et aux enfants.

14. J. Goldstein, A. Freud, A. Solnit, *Dans l'intérêt de l'enfant ?* Paris, Éd. ESF, 1980, p. 44-45.

15. *Ibid.*, p. 45.

16. F. Dolto, *Solitude, op. cit.*, p. 202.

17. Colloque international « L'enfant du divorce et son père », Paris, 31 mars-1ᵉʳ avril 1978, Pitié-Salpêtrière, p. 34.

18. *Ibid.*, p. 9.

19. Sur le travail avec les enfants de l'Aide sociale à l'enfance placés en pouponnière, cf. F. Dolto, *La Cause des enfants, op. cit.*, p. 588-595 ; *Séminaire de psychanalyse d'enfants*, t. II, *op. cit.*, p. 98-101 ; *Tout est langage, op. cit.*, p. 88-89 ; *Dialogues québécois, op. cit.*, p. 51-53, 107 ; *Solitude, op. cit.*, p. 162, 206-207 ; F. Dolto, J.-D. Nasio, *L'Enfant du miroir*, Paris, Rivages psychanalyse, 1987, p. 67 ; *Enfants en souffrance, op. cit.*, p. 178-226 ; *Séminaire de psychanalyse d'enfants*, t. I, Paris, Éd. du Seuil, 1982, p. 135-136.

20. Cf. H. Leridon, C. Gokalp, *in* revue *Population et Société*, nº 220, Paris, janvier 1988.

21. *L'Image inconsciente du corps, op. cit.*, p. 225.

22. E. Roudinesco, F. Dolto, « Des jalons pour une histoire », *in Quelques Pas sur le chemin de F. Dolto*, Paris, Éd. du Seuil, 1988, p. 21.

23. Arrêt de la Cour de cassation du 2 mai 1984.

24. F. Dolto, « Le complexe d'Œdipe, ses étapes structurantes et leurs accidents », *in Au jeu du désir*, Paris, Éd. du Seuil, coll. « Points », p. 194-244.

25. Cf. F. Dolto, *Séminaire de psychanalyse d'enfants*, t. I, *op. cit.* : « En ce qui concerne les otites, beaucoup de pédiatres ont constaté que les enfants les contractaient très souvent pour ne pas entendre certaines paroles. Quand il est possible de remonter dans ce qui s'est passé, nous retrouvons fréquemment qu'il s'agit de paroles ayant touché un petit être humain à un point tout à fait vif de sa structure amoureuse ou aimante et que ces paroles auraient pu entrer en conflit avec l'être aimé à ce moment-là. »

26. Cf. F. Dolto, *Tout est langage, op. cit.*, p. 96-98.

27. C. Bonjean, « Divorce : un enfant sur deux oublie son père », *in Le Point*, nº 800, 18 janvier 1988, p. 59.

28. Cf. F. Dolto, *Séminaire de psychanalyse d'enfants*, t. II, *op. cit.*, p. 101-105, « Une pseudo-débile ».

29. Cf. F. Dolto, *Solitude, op. cit.*, p. 211 : « Les enfants intuitionnent, ont toujours intuitionné, la fécondité dans les rapports sexuels. Je me demande comment ça va être maintenant qu'ils sont au courant de l'avortement fréquent, sinon constant, et de l'évitement de la fécondité. Je ne sais pas du tout si ça va être quelque chose qui va demeurer dans les fantasmes ou si les fantasmes vont s'aligner sur les possibilités de la réalité [...]. C'est dans quinze ans qu'on verra les conséquences chez les adolescents : associations libres, rêves. »

30. Colloque international « L'enfant du divorce et son père », *op. cit.*, p. 26.

31. F. Dolto, *Solitude, op. cit.*, p. 316 ; *Au jeu du désir, op. cit.*,

p. 208-209 ; préface à M. Mannoni, *Le Premier Rendez-vous avec le psychanalyste*, Paris, Gonthier, 1965, p. 27.
32. J.-J. Guillarmé, Ph. Fuguet, *Les Parents, le Divorce et l'Enfant*, Paris, Éditions sociales françaises, 1985, p. 81, 87, 99.
33. Ministère de la Justice, *Statistiques annuelles*, n° 4, *Les Procès civils 1984-1985*, Paris, La Documentation française, 1987, p. 83.

Cas de divorce et auteur de la demande (Évolution 1976-1985)

Auteur	1976			1985		
Cas de divorce	En- semble	L'époux	L'épouse	En- semble	L'époux	L'épouse
Ensemble	**100,0**	**32,9**	**67,1**	**100,0**	**26,5**	**73,5**
Demande acceptée	**100,0**	39,8	60,2	**100,0**	32,0	68,0
Faute	**100,0**	30,4	69,6	**100,0**	24,4	75,6
Rupture de la vie commune	**100,0**	71,3	28,7	**100,0**	54,9	45,1

Dans le cas de la demande conjointe, si l'initiative est bien commune au moment du dépôt de la requête, la décision de la rupture a vraisemblablement été dans un bon nombre de cas le fait d'un seul des époux, l'accord intervenant plus tard *. La traditionnelle prépondérance de la demande féminine incline à penser que l'initiative de ce divorce revient encore majoritairement à la femme.

* « En fait, il suffit bien souvent de regarder de près la convention définitive pour se rendre compte, par l'inégalité de la liquidation conclue entre les parties, qu'un divorçant a " vendu " son divorce à l'autre. Il est alors facile de deviner que c'est celui qui a " acheté " le divorce qui est en réalité l'initiateur. » Dominique Coujard, « Le divorce vers une nouvelle morale », *Informations sociales*, n° 7, 1982.
34. Voir notamment *L'Image inconsciente du corps, op. cit.*, chap. II, « Les images du corps et leur destin : les castrations », et chap. III.
35. Cf. *Journal des psychologues*, n° 25, *L'Enfant et son corps*, Marseille, mars 1985 :
« Question : Croyez-vous possible la mise en place d'une prévention des troubles de la petite enfance ?
F.D. : Mais oui, et j'essaie d'y contribuer par la création de ce qu'on appelle la " Maison verte ", qui est un lieu de loisirs pour les bébés de zéro à trois ans avec leurs parents, pour les préparer avant deux mois à aller à la crèche, avant quelques mois à aller en garderie et, avant deux ans, à aller à l'école. Il s'agit de préparer l'enfant à être admis en société avec ses parents au milieu d'autres enfants de son âge ; parce que, actuellement, on s'occupe des petits citoyens à condi-

tion de les séparer de ceux qui font leur sécurité et de qui dépend leur identité. Ils ne savent pas qui ils sont, et déjà on les met dans une crèche. C'est complètement différent quand ils sont passés à la " Maison verte " et qu'ils ont eu une dizaine de présences dans ce lieu, car nous parlons à l'enfant de tout ce que la mère dit. Nous recevons, accueillons le tout-petit et nous nous adressons à lui comme à un interlocuteur valable. Nous le nommons, dans son nom, dans son âge, dans son sexe. Lorsqu'un enfant en agresse un autre, jamais nous ne le blâmons. Nous mettons des mots dessus, et des mots justes. Casser un objet, ce n'est pas comme détruire ou mutiler, et cela doit être signifié à l'enfant. »

Sur la « Maison verte », cf. F. Dolto, D. Rapoport, B. This, R. Clément, « La boutique verte », in *Enfants en souffrance*, Paris, Stock, coll. « Pernoud », Paris, 1981, p. 137-155 ; F. Dolto, *La Cause des enfants, op. cit.*, p. 520-521, 548-577 ; « Image de soi dans le miroir, lecture et écriture », in *Le Bloc-notes de la psychanalyse*, n° 7, Genève, 1987, p. 223-238 ; *Solitude, op. cit.*, p. 215 ; « La Maison verte », in *Esquisses psychanalytiques*, n° 5, printemps 1986, publication du Centre de formation et de recherches psychanalytiques.

36. F. Dolto, *L'Image inconsciente du corps, op. cit.*, p. 330.

37. F. Dolto, *Le Cas Dominique*, Paris, Éd. du Seuil, 1971, p. 25.

38. F. Dolto, *La Cause des enfants, op. cit.*, p. 380.

39. Cf. F. Dolto, *Dialogues québécois, op. cit.*, p. 214.

40. F. Dolto, *La Cause des enfants, op. cit.*, p. 383.

41. Cf. F. Dolto, *L'Image inconsciente du corps, op. cit.*, p. 182-183.

42. Circulaire n° 73-131 du 9 mars 1973, *BOEN*, n° 12, 22 mars 1973 ; et circulaire n° 76-080 du 19 février 1976, *BO*, n° 11, 18 mars 1975.

43. Loi danoise n° 256 du 4 juin 1969.

44. Code civil, art. 286 et 371-2.

45. Code civil, art. 291 : « Les décisions relatives à l'exercice de l'autorité parentale peuvent être modifiées ou complétées à tout moment par le juge, à la demande d'un époux, d'un membre de la famille ou du ministère public. [...] »

Art. 292 : « En cas de demande conjointe les dispositions de la convention homologuée par le juge relatives à l'exercice de l'autorité parentale peuvent être révisées pour motifs graves, à la demande d'un époux ou du ministère public. »

46. Code civil, art. 375 : « Si la santé, la sécurité ou la moralité d'un mineur non émancipé sont en danger, ou si les conditions de son éducation sont gravement compromises, des mesures d'assistance éducative peuvent être ordonnées par justice à la requête des père

et mère conjointement ou de l'un d'eux, du gardien ou du tuteur, du mineur lui-même ou du ministère public.

Le juge peut se saisir d'office à titre exceptionnel et elles peuvent être ordonnées en même temps pour plusieurs enfants relevant de la même autorité parentale. »

47. Entretien enregistré en 1969 entre une jeune auditrice et le Dr X.

SOS psychanalyste, Dr X et Aïda Vásquez, Paris, Éd. de Fleurus, 1976, p. 348-349. J'étais le Dr X, mais cette émission qui avait un succès particulier auprès des jeunes et des enfants ne devait être référée à aucun nom de médecin. Ce qui était dit anonymement sur les ondes appartenait à celui qui l'avait enregistré. Un groupe d'éducateurs a fait un enregistrement de ces émissions puis en a tiré un livre. On en a fait du chemin depuis, puisque tous les médecins peuvent parler en leur nom à la radio sans que personne y trouve à redire, non plus que l'ordre des médecins ! [Note de F. Dolto.]

48. Code civil, art. 290 : « 3° Des sentiments exprimés par les enfants. – Lorsque ceux-ci ont moins de treize ans, ils ne peuvent être entendus que si leur audition paraît nécessaire et ne comporte pas d'inconvénients pour eux ; lorsqu'ils ont plus de treize ans, leur audition ne peut être écartée que par décision spécialement motivée.[...] »

Table

chosomatiques aux visites du parent discontinu. – Des lieux neutres ? – Pension alimentaire. – Contre la garde alternée pour les petits.

« Il est essentiel au développement d'un enfant qu'un adulte l'empêche d'avoir une intimité totale avec le parent chez lequel il vit. » – « Un " papa " n'est pas forcément le père. » – C'est la parole du parent qui rend crédible son nouveau partenaire pour l'enfant. – Parents homosexuels.

Richesse du métissage admis et soutenu socialement. – Régression de l'enfant dont le parent retourne avec lui chez ses propres parents. – Les dires des grands-parents tempérant les reproches des petits-enfants à leurs parents.

La désorientation de l'enfant devant « deux pôles nord ». – Les ruses œdipiennes. – Accepter le deuil de sa petite enfance. – De la responsabilité des femmes dans l'alcoolisme des maris, parfois des fils. – La violence entre les parents n'est pas ressentie de la même façon par l'enfant avant et après l'Œdipe. – La culpabilité : embolie du développement. – L'inflation du père et son surinvestissement imaginaire. – Le nécessaire désir de vouloir vivre chez l'autre parent. – Honorer ses parents, ce n'est pas s'identifier à eux, mais se prendre en charge soi-même.

CET OUVRAGE A ÉTÉ TRANSCODÉ ET ACHEVÉ D'IMPRIMER
PAR L'IMPRIMERIE FLOCH À MAYENNE
DÉPÔT LÉGAL : SEPTEMBRE 1988. N° 10298-4 (27167)

Ouvrages de Françoise Dolto

AUX MÊMES ÉDITIONS

Le Cas Dominique, *1971*
coll. « Points », 1974

Psychanalyse et Pédiatrie, *1971*
coll. « Points », 1976

Lorsque l'enfant paraît, tomes 1, 2 et 3
1977, 1978, 1979

L'Évangile au risque de la psychanalyse, tomes 1 et 2
coll. « Points », 1980, 1982

Au jeu du désir, *1981*
coll. « Points », 1988

Séminaire de psychanalyse d'enfants, tome 1
en collaboration avec Louis Caldaguèse, 1982

La Foi au risque de la psychanalyse
en collaboration avec Gérard Séverin
coll. « Points », 1983

L'image inconsciente du corps, *1984*
Séminaire de psychanalyse d'enfants, tome 2
en collaboration avec Jean-François de Sauverzac, 1985

Enfances
en collaboration avec Alecio de Andrade, 1986
coll. « Points Actuels », 1988

Dialogues québécois
en collaboration avec Jean-François de Sauverzac, 1987

Séminaire de psychanalyse d'enfants, tome 3
en collaboration avec Jean-François de Sauverzac, 1988

en cassettes de 60 minutes
Séparations et Divorces, *1979*
La Propreté, *1979*

CHEZ D'AUTRES ÉDITEURS

L'Éveil de l'esprit de l'enfant
en collaboration avec Antoinette Muel
Éd. Aubier, 1977

L'Évangile au risque de la psychanalyse, tomes 1 et 2
Éd. Jean-Pierre Delarge, 1977, 1978

La Foi au risque de la psychanalyse
en collaboration avec Gérard Séverin
Éd. Jean-Pierre Delarge, 1980

La Difficulté de vivre
Interéditions, 1981

Sexualité féminine
Scarabée et Compagnie, 1982

La Cause des enfants
Laffont, 1985

Solitude
Vertiges, 1986

Tout est langage
Vertiges-Carrère, 1987

L'Enfant du miroir
Françoise Dolto et Juan David Nasio
Rivages, 1987